CÓMO PROBAR LOS ESPÍRITUS

MARY GARRISON

WHITAKER HOUSE

A menos que se indique lo contrario, todas las citas bíblicas son tomadas de la versión *Santa Biblia, Reina-Valera 1960* (RVR), © 1960 Sociedades Bíblicas en América Latina; © renovado 1988 Sociedades Bíblicas Unidas. Usadas con permiso. Las citas bíblicas marcadas (NTV) son tomadas de la *Santa Biblia, Nueva Traducción Viviente,* © 2008, 2009 Tyndale House Foundation. Usadas con permiso de Tyndale House Publishers, Inc., Wheaton, Illinois 60189. Todos los derechos reservados. Las citas bíblicas marcadas (NVI) son tomadas de la *Santa Biblia, Nueva Versión Internacional*®, NVI®, © 1999 por la Sociedad Bíblica Internacional. Usadas con permiso. Todos los derechos reservados.

Nota: El texto en negrita en las citas bíblicas significa el énfasis del autor.

A menos que se indique lo contrario, todas las definiciones de diccionarios en citas han sido traducidas de *Merriam-Webster's 11th Collegiate Dictionary,* versión electrónica, © 2003. Las definiciones de la palabra griega para *lunático* y la palabra hebrea para *encorvado* han sido traducidas de la versión electrónica de *Strong's Exhaustive Concordance of the Bible,* STRONG, (© 1980, 1986, y asignado a World Bible Publishers, Inc. Usados con permiso. Todos los derechos reservados.).

Traducción al español realizada por:
Belmonte Traductores
Manuel de Falla, 2
28300 Aranjuez
Madrid, ESPAÑA
www.belmontetraductores.com

CÓMO PROBAR LOS ESPÍRITUS:
Identifique los espíritus malos y el fruto que manifiestan

Publicado originalmente en inglés bajo el título:
How to Try a Spirit: Identify Evil Spirits and the Fruit They Manifest

ISBN: 978-1-62911-193-3
eBook ISBN: 978-1-62911-194-0
Impreso en los Estados Unidos de América

Whitaker House
1030 Hunt Valley Circle
New Kensington, PA 15068
www.whitakerhouse.com

Por favor, envíe sugerencias sobre este libro a: comentarios@whitakerhouse.com.

1 2 3 4 5 6 7 8 9 10 20 19 18 17 16 15 14

CONTENIDO

PREFACIO

Como soy una ministra, muchas personas a lo largo de los años me han preguntado cómo probar un espíritu, basados en 1 Juan 4:1. Creo que nunca fui capaz de dar una respuesta satisfactoria a esta pregunta. Sentía que esas personas se iban un poco más confusas de lo que estaban cuando acudieron a mí. Sin embargo, el Espíritu Santo me ha enseñado después mucho acerca de este tema.

Se ha escrito muy poco acerca de cómo probar un espíritu, aunque se han publicado algunos libros muy buenos acerca de cómo tratar con los espíritus. Creo que verdaderamente se necesita esta información en el cuerpo de Cristo hoy día.

Cómo Probar los Espíritus tiene la intención de ayudar a los creyentes a reconocer los principales espíritus malignos que están actuando ahora en el mundo. Estos malignos *imitan* tan bien al Espíritu de Dios que podrían engañarnos si no los probamos según su fruto. Este libro se ha escrito como una referencia fácil, para que alguien pueda encontrar de forma rápida el nombre bíblico de un espíritu maligno en particular. Junto con el nombre, hay una lista del fruto de ese espíritu, una breve discusión de algunos de los métodos empleados por ese espíritu, y finalmente el método bíblico a usar al tratar con él.

Esta obra ha ayudado a muchas personas a identificar rápidamente los diversos espíritus malignos, evitando así el engaño. *Cómo Probar los Espíritus* le permitirá ayudar con eficacia a otros que han permitido inconscientemente que estos espíritus malignos entren y produzcan fruto negativo en sus vidas.

Mi oración es que al compartir el conocimiento que el Espíritu Santo me ha enseñado, muchos puedan conocer la respuesta a la pregunta: "¿Cómo pruebo un espíritu?", y con ello puedan evitar algunas de las trampas y los obstáculos de los espíritus malignos.

—*Mary Garrison*

1

"PROBAD LOS ESPÍRITUS"

Este libro es el resultado de una revelación de Dios que me fue dada, la cual nació de una necesidad desesperada de más conocimiento a la hora de probar los espíritus, lo cual Dios manda hacer a los creyentes en 1 Juan 4:1: *"Amados, no creáis a todo espíritu, sino probad los espíritus si son de Dios; porque muchos falsos profetas han salido por el mundo"*. Estando en la obra misionera de nuestro Señor Jesús, descubrí que era necesario no solamente predicar el evangelio sino también sanar a los enfermos y echar fuera demonios, como se menciona en Mateo 10:7–8.

El Señor me guió a comenzar reuniones de oración en mi casa en Crystal Beach, Florida. Liberaciones milagrosas y sanidades comenzaron a ocurrir en esas reuniones. Las noticias de esos milagros se propagaron rápidamente. Enseguida, la gente comenzó a acudir pidiendo ayuda, no solo a reuniones programadas sino también durante todo el día y toda la noche.

Al ministrar a ciertas personas, los espíritus se removían y comenzaban a manifestarse. Cuando pedíamos a los demonios que se identificaran, respondían por la propia boca de la persona. Por ejemplo, respondían: "Odio", "Asesinato", "Suicidio", etc., lo cual eran todas manifestaciones, no los nombres de los espíritus.

Mi búsqueda de entendimiento

En ese entonces, yo no sabía con quién estaba tratando. Por mi ignorancia, decía: "A ti, espíritu de suicidio, te echo fuera". Y aun así, a pesar de esa ignorancia, muchas personas eran liberadas por el Espíritu del Señor obrando en mí. Sin embargo, sabía que tenía una necesidad muy grande de entender más.

Muchos de los siervos del Señor han sido "heridos en la acción" al intentar liberar a personas de demonios. Del mismo modo, los demonios estaban causando estragos en nosotros, y yo buscaba a Dios continuamente respecto a esta situación. Fue entonces cuando el Señor me dio el don de discernimiento de espíritus (véase 1 Corintios 12:10), y comencé a confiar por completo en este don.

En ese tiempo, la mayoría del material disponible sobre este tema se enfocaba en las experiencias de otras personas. Pero yo quería un fundamento bíblico profundo sobre el que poder basar la revelación que había recibido, para que sirviera de bosquejo para ayudar a otros. Los versículos comenzaron a llegar hasta mí, como 2 Timoteo 2:15: *"Procura con diligencia presentarte a Dios aprobado, como obrero que no tiene de qué avergonzarse, que usa bien la palabra de verdad"*.

Como no conocía a un demonio por una manifestación, estaba "desparramando" la verdad en vez de "recogerla" (véase Mateo 12:30).

Descubrir al hombre fuerte

El Señor me mostró en su enseñanza que primero hay que "atar al hombre fuerte" y después *"saquear sus bienes"* (Mateo 12:29). Así que me di cuenta de la necesidad de conocer al "hombre fuerte", o el demonio gobernante. Pensaba que si el Señor quería que hiciera esto, seguramente Él tenía una manera de mostrarme quiénes eran los hombres fuertes, cuáles eran sus nombres y su fruto. De esa forma, yo estaría recogiendo con Él, y no desparramando.

Después el Espíritu me guió a estudiar el propio ministerio de Jesús para obtener una revelación adicional sobre estos hombres fuertes: qué hacen a una persona, o cómo se manifiestan, así como el modo de tratar con ellos. Creo que la Biblia enumera todos los hombres fuertes, o espíritus, que están activos en el mundo en la actualidad. Si cree que algo es un espíritu, pero la Biblia no lo clasifica como tal, entonces probablemente sea una manifestación de un espíritu, no un espíritu en sí. Tal revelación para probar los espíritus ha estado ante nosotros todo el tiempo en la enseñanza de la Biblia; pero Satanás tiene una forma de empañar las cosas.

Por tanto, mi primer trabajo fue ir a la Biblia y hacer una lista de todos los nombres de espíritus que encontraba. Después hice algo de investigación para confirmar que eran seres espirituales.

Pronto aprendí que estos espíritus son emisarios enviados por Satanás y que tienen personalidades que se expresan a través de los cuerpos humanos. Tienen todas las características que componen un ser inteligente. Caminan, oyen, hablan, ven, obedecen, buscan, piensan, conocen y moran en el cuerpo, logrando sus propósitos malignos. (Véase, por ejemplo, Mateo 12:43–45; Marcos 1:23–24; 3:11). Cada demonio principal, u hombre fuerte, tiene una misión particular, la cual podemos reconocer por su fruto, o su manifestación. En el campo de la medicina, un paciente le dice al doctor cuáles son sus síntomas; después, cuando el doctor ha reunido todos los síntomas, es capaz de diagnosticar la enfermedad. Del mismo modo, un consejero cristiano escucha los síntomas que comparte con él o con ella una persona, y con este estudio sobre los espíritus puede decidir si hay evidencia suficiente que indique la presencia de un espíritu maligno. Debemos reconocer que los espíritus malignos están sujetos a Cristo y a los creyentes mediante la expiación, el nombre de Jesús y el Espíritu Santo.

Vi en las Escrituras que Jesús trató solo con los espíritus, no meramente con las manifestaciones. Cuando una persona le contaba sus síntomas, Él sacaba al hombre fuerte y la persona era liberada. ¿No es este el ejemplo que deberíamos seguir? ¿Por qué deberíamos sacar a todos los síntomas por nombre?

Desde que aprendí esta verdad, he visto que este método es muy eficaz, ahorrando mucho tiempo y la vergüenza de sacar a todas las manifestaciones malas de cada espíritu. También aprendí que hay menos espíritus de los que originalmente pensaba. Sí, al estudiar el ministerio de Jesús comencé a verlo todo con mayor claridad.

Se nos aconseja no creer a los espíritus malignos, ya que a menudo mienten; su "padre", el diablo, es el autor de toda mentira y confusión. (Véase, por ejemplo, Juan 8:44). Pero muchos de nosotros no entendemos cómo obedecer esta instrucción.

Así que busqué al Señor y su Palabra con respecto a cómo discernir los espíritus. Jesús respondió y me dijo: "Por su fruto los conocerás". (Véase Mateo 7:16–20). Con esta información, tenía una pista clara de por dónde comenzar mi estudio. Sabía que si quería discernir a los espíritus malignos por su fruto, tenía que aprender qué fruto dice la Biblia que produce cada uno de los espíritus malignos.

Como dije antes, así como los médicos diagnostican una enfermedad por el síntoma que produce, así también yo busqué y encontré un conjunto de manifestaciones clave asociado a cada hombre fuerte, o demonio principal, que me permitía "conocer el árbol por su fruto". A menudo, los versículos que revelan el nombre y las manifestaciones de un demonio también darán la solución para cómo echarlo fuera. ¡Jesús tiene una pomada para cada herida!

Isaías llamó a todos los hombres a probarlo todo con la Palabra de Dios. Cualquier cosa contraria a la revelación escrita de Dios es de los espíritus satánicos, no del Espíritu Santo. La Palabra es la luz; y los que quieren luz la seguirán. (Véase Isaías 8:19–20).

Espíritus de Dios que están con nosotros

Al hacer este estudio de los espíritus, descubrí que hay más espíritus que están con nosotros que contra nosotros. Hay muchos buenos espíritus ministradores de Dios, y sus características también están reveladas en la Palabra. El mismo mandato de probar los espíritus por su fruto serviría también para ellos. He oído que algunas personas liberan al "espíritu de salvación" en una sala antes de una reunión. Sin embargo, la Biblia no enumera un espíritu que tenga ese nombre. Pero está el *"espíritu de adopción"* por el cual clamamos, *"Abba, Padre"* (Romanos 8:15). Después está el *"espíritu de gracia y de oración"* (Zacarías 12:10) que hace que la gente mire a Jesús, que fue traspasado. Y, por supuesto, están los ángeles de Dios:

> *¿No son todos* [ángeles] *espíritus ministradores, enviados para servicio a favor* [no solo a ellos] *de los que serán herederos de la salvación?*
> (Hebreos 1:14)

Las palabras *"a favor de"* marcan una gran diferencia: se refieren a nosotros. ¡*Nosotros* debemos enviarles a ellos! ¡Ellos van por nosotros cuando damos la orden! Ellos son parte del poderoso ejército de Dios. La batalla de los siglos se está luchando en el mundo espiritual, y el espíritu del hombre redimido tiene una parte vital que desempeñar en esta guerra por las almas de los hombres. Nosotros somos obreros juntamente con Dios en estas victorias.

Mi propósito para este libro

Sin embargo, para cumplir el propósito de este libro no entraré en las manifestaciones de los espíritus que son de Dios. En cambio, mostraré los nombres bíblicos de algunos de los hombres fuertes malignos y las manifestaciones que estos producen. Creo que he aportado información suficiente en este libro para tratar muchos de los problemas de la humanidad que han producido los espíritus malignos.

Oímos varios nombres de espíritus, tanto buenos como malos, pero muchos de ellos están basados en el entendimiento del hombre, no en la sabiduría de Dios que nos ha sido revelada en su Palabra. Debido a nuestra ignorancia, hemos estado luchando en una batalla al azar contra Satanás. A menudo, atamos algunas de las manifestaciones de los hombres fuertes dentro de una persona pero dejamos que el espíritu maligno se quede en su cuerpo. Muchas veces, no estamos seguros de qué manifestaciones pertenecen a qué hombre fuerte.

La Biblia enseña que una de las manifestaciones del Espíritu Santo es mostrarnos la verdad; y mostrándonos la verdad, el Espíritu Santo nos hace libres. Un don muy valioso del Espíritu Santo es el discernimiento de espíritus, mediante el cual fue dada esta revelación. He visto a muchas personas ser libres al aprender a probar los espíritus. Mi anhelo es que quienes lean este libro también se conviertan en ministros iluminados y capaces, y conforme al mandamiento de Dios, "[suelten] *las cargas de opresión*" (Isaías 58:6).

2

LOS POSOS DE LA DESESPERACIÓN

Me gustaría compartir cómo el Espíritu Santo me enseñó acerca del espíritu maligno de esclavitud. Yo soy una de esas personas afortunadas a las que el Señor salvó y bautizó con el Espíritu Santo a una temprana edad; tenía trece años. El Espíritu Santo es, sin lugar a duda, el responsable del hecho de que apenas supiera lo que significaba estar asustada, deprimida o atada. Eso se debe a la gran libertad que Él me dio siendo joven. Sin embargo, era muy difícil para mí mostrar compasión y entendimiento con otros que estaban atados por las manifestaciones del espíritu de esclavitud, el espíritu de temor y el espíritu de mudez y sordera.

Supongo que el Padre decidió que era el momento de que yo aprendiera de primera mano lo que era estar oprimido por estos espíritus malignos. Me permitió entrar en un estado de desesperación, el cual no sabía que las personas pudieran experimentar. Mientras estuve en ese estado durante tres días y tres noches, experimenté muchos de los síntomas de estos tres espíritus. La depresión me hizo retirarme a mi cuarto y a mi cama, y sentía que nunca podría volver a hacer frente a la vida otra vez. Pero tuve una ventaja sobre otros que estaban abatidos: yo sabía que mi sufrimiento era solo temporal y que era parte de un proceso de aprendizaje, ya que el Espíritu siempre me había enseñado eso.

Una celda sin barrotes

Richard Lovelace debió de haber sentido algo como eso cuando escribió: "Los muros de piedra no forman una cárcel, ni tampoco los barrotes forman una celda". El Señor me mostró en una visión que muchos seres humanos están atados en celdas. Son prisioneros de Satanás y no pueden liberarse. Están verdaderamente aplastados y rotos. Desesperados en la vida, parecen no poder comunicarse con otros. Aunque no hay barrotes visibles a su alrededor, están, no obstante, encarcelados. Vi en la visión que estos espíritus humanos son cautivos de Satanás con temor, enfermedad, fracaso y esclavitud al pecado y los hábitos malignos que destruyen cuerpo, alma y espíritu. No tienen dirección; no, ni siquiera las ganas de vivir. Para ellos, la vida se ha convertido en una carga injusta, demasiado difícil de soportar.

Sí, sentí su angustia, y mi corazón se quebrantó a causa de ello. Clamé al Señor con trabajo duro del espíritu, desnudando delante de Él mis sentimientos y pensamientos más íntimos. Con borbotones que salían del corazón y no se podían expresar con palabras, clamé al Señor y le pedí que me "leyera". Después llegó su respuesta alta y clara:

> Yo vine al mundo con este motivo: para llevar liberación a los cautivos, para desatar a quienes están atados por Satanás, para poner en libertad a quienes sufren, para devolver la vista a los ciegos, para destruir las obras del diablo, para predicar el año agradable del Señor. (Véase Lucas 4:18–19).

Jesús, ¡la Luz!

Jesús trae luz a los que están prisioneros de Satanás:

> *El pueblo asentado en tinieblas vio gran luz; y a los asentados en región de sombra de muerte, luz les resplandeció.* (Mateo 4:16)

> *Por la entrañable misericordia de nuestro Dios, con que nos visitó desde lo alto la aurora, para dar luz a los que habitan en tinieblas y en sombra de muerte; para encaminar nuestros pies por camino de paz.* (Lucas 1:78–79)

> *En él estaba la vida, y la vida era la luz de los hombres. La luz en las tinieblas resplandece, y las tinieblas no prevalecieron contra ella.* (Juan 1:4–5)

El Señor me mostró entonces en las Escrituras que Él había dado a los creyentes poder para continuar en sus pasos, haciendo la misma obra de liberar a los cautivos que Él hizo cuando estaba en esta tierra. Pablo fue ungido para hacer esto del mismo modo en que Jesús lo hizo. (Véase Hechos 26:17–18). Además, todos los creyentes están ungidos para hacer esto. (Véase Marcos 16:17).

Gloria al Cordero de Dios que vino al mundo para este expreso propósito: ¡destruir y reducir a la nada todas las obras de Lucifer! El precioso

Espíritu Santo una vez más glorificó a Jesús y me guió a la verdad, ¡la cual me hizo libre! Ahora sé cómo usar esta verdad para liberar a otros.

Esa experiencia fue el comienzo de un ministerio nuevo y eficaz con los oprimidos. Fue en esta escuela del Espíritu Santo donde recibí las siguientes enseñanzas.

3

ESPÍRITU DE ESCLAVITUD

"Pues no habéis recibido el ***espíritu de esclavitud*** *para estar otra vez en temor, sino que habéis recibido el espíritu de adopción, por el cual clamamos: ¡Abba, Padre!".*
—Romanos 8:15

Manifestaciones del espíritu de esclavitud, con algunos versículos representativos:

- Congoja de espíritu (véase Éxodo 6:9).
- Amargura (véase Éxodo 1:14).
- Cautividad satánica: encarcelamiento, esclavitud (véase 2 Timoteo 2:26).
- Ceguera: en oscuridad espiritual o fuera de Cristo (véase Mateo 4:16; Juan 1:4, 9; 3:18–20).
- *Angustia: los quebrantados o abatidos (véase Salmos 34:18, NVI; Proverbios 18:14).
- Quebrantamiento: quebranto de corazón, mente, alma o cuerpo (véase Lucas 4:18).
- Opresión (véase Hechos 10:38).
- Adicción: entregarse habitualmente uno mismo a una práctica negativa, como fumar, beber o consumir drogas (véase Proverbios 23:29–35, NVI).
- Avaricia: deseo excesivo de más de algo; egoísmo; acaparar la riqueza de otros (véase Proverbios 15:27).
- Ambición: un deseo impulsivo de alcanzar honor, superioridad y poder (véase Filipenses 2:3).
- Lujuria: deseo sensual o sexual insaciable (véase 1 Juan 2:16).

- Pecado compulsivo: forzado mediante cuerdas de pecado que atan a uno a ello (véase Proverbios 5:22).
- Sujeción compulsiva: controlada por el pecado y el espíritu principales (véase Juan 8:34).
- Servicio: llevar a cabo los deseos de un espíritu y obedecerle (véase Romanos 6:16).
- Atadura: incapacidad para liberarse (véase Hechos 8:23).
- Cautividad: bajo el poder o dominio de algo o alguien (véase Romanos 7:23; Lucas 8:27–29).
- Dominio: sometido mediante o hecho para ser siervo de la corrupción (véase 2 Pedro 2:19, NVI).

Pues no habéis recibido el ***espíritu de esclavitud*** *para estar otra vez en temor, sino que habéis recibido el* ***espíritu de adopción****, por el cual clamamos: ¡Abba, Padre! El Espíritu mismo da testimonio a* ***nuestro espíritu****, de que somos hijos de Dios.* (Romanos 8:15–16)

Observe la solución dada en los versículos de arriba. Estos dos versículos están hablando de tres espíritus diferentes en el mundo espiritual. Se nos manda reaccionar a cada uno de una forma específica, después de probarlos.

1. Espíritu de esclavitud: el espíritu maligno de esclavitud satánica y cautiverio. Se debe atar y echar fuera. (Véase Mateo 12:29).
2. Espíritu de adopción: el espíritu ministrador que es de Dios. Se debe soltar y enviar para romper las ataduras de las personas y llevarles a que sean hijos.
3. Espíritu humano: el espíritu que decide cuál de los otros dos espíritus dominará.

4

ESPÍRITU DE COBARDÍA

"Porque no nos ha dado Dios ***espíritu de cobardía****, sino de poder, de amor y de dominio propio".*
—2 Timoteo 1:7

Manifestaciones del espíritu de cobardía o temor, con algunos versículos representativos son:

- Cobardía[1].
- Temor (véase Salmos 55:5).
- Tormento (véase 1 Juan 4:18).
- Temblor (véase Job 4:14; Salmos 55:5).
- Horror (véase Salmos 55:5).
- Pavor (véase Éxodo 15:16).
- Temor a la muerte (véase Hebreos 2:14–15; Salmos 55:4).
- Infidelidad (véase Mateo 8:26; Apocalipsis 21:8).
- Terror: sensación de peligro o maldad inminente, presentimiento (véase Deuteronomio 32:25; Isaías 54:14).
- Pesadillas: incluye terrores nocturnos.
- Aprensión: temer el mal.
- Ansiedad: preocuparse por el mañana, lo cual muestra una falta de confianza en Dios (véase Lucas 12:25–32; Filipenses 4:6).
- Cuidado: ser exageradamente cauto.
- Agitación.

1. *Cobardía* se define como "una emoción desagradable y a menudo fuerte causada por la anticipación o la conciencia de un peligro".

- Timidez[2].
- Preocupación: sinónimo de temor; de nuevo, la preocupación muestra una falta de confianza en Dios.
- Retraimiento.
- Inferioridad: incluye el rechazo de otros.
- Ineptitud: incluye el menosprecio de otros.
- Tensión: estrés.
- Ataques de corazón (véase Lucas 21:26).
- Temor al hombre: incluye temor a la opinión pública (véase Proverbios 29:25).
- Temor a la pobreza.
- Fobias: temores a situaciones específicas, como la oscuridad, las alturas, etc.

Si alguien muestra uno de los siguientes tipos de personalidad, puede que esté oprimido por el espíritu de cobardía y esté en un estado avanzado de temor.

1. Hipercrítico: Alguien que tiene un espíritu crítico o un espíritu de juicio. Los hipercríticos manifiestan síntomas del espíritu de temor que señalan a la depresión. El espíritu de temor hace que una persona sea irascible, de tal forma que se muestra rudo y encuentra fácilmente las faltas en otros. A menudo es crítico más allá de lo razonable, haciéndose rígido en extremo, exacto en extremo y perfeccionista. Puede que le cueste soportar a otros. Dirige sus pensamientos hacia sí mismo, por lo que a menudo se convierte en un introvertido.
2. Introvertido[3]: alguien que dirige sus pensamientos hacia sí mismo y tiene un enfoque hacia dentro.
3. Perfeccionista: alguien que es extremadamente cauto o cuidadoso. Cuando las personas están deprimidas, a veces se vuelven demasiado cuidadosas. Se vuelven excesivamente cautelosas, a menudo convirtiéndose en perfeccionistas. Temen gastar dinero;

2. *Timidez* se define como "falta de valor o confianza en uno mismo" o "falta de decisión o determinación".

3. *Introvertido* se define como "alguien cuya personalidad se caracteriza por la introversión; en términos generales: una persona reservada o retraída".

temen disfrutar de los placeres y la diversión. Constantemente se preocupan por si se acordaron de apagar la estufa, cerrar una puerta y cosas así. Puede que sufran migrañas, lo cual puede estar causado por la tensión, el estrés y la lucha constante por lograr la perfección.

4. Ermitaño[4]

Los siguientes trastornos podrían estar causados por el espíritu de cobardía:

1. Neurosis[5]
2. Ataques de nervios
3. Neuralgia: un dolor muy agudo que sigue el curso de un nervio
4. Neuritis: inflamación de un nervio

Alguien que se somete al espíritu de cobardía puede comenzar a mostrar manifestaciones de un demonio de mudez y sordera. (Véase capítulo 5). Jesús mismo relacionó los síntomas previos con el espíritu mudo y sordo.

Manifestaciones de una persona que se ha vuelto demente incluyen:

- Paranoia
- Esquizofrenia
- Delirios de grandeza
- Locura
- Trastorno bipolar: inmovilidad; vaguería; inactividad; aletargamiento; sentimientos de temor por enfrentar la vida.
- Melancolía

Cuando alguien está deprimido, está oprimido por una influencia externa. El espíritu de temor es un opresor. Por eso los creyentes tienen el mandato de *"soltar las cargas de opresión"* (Isaías 58:6). ¡Tenemos que ordenar a los espíritus malignos que liberen a los oprimidos!

---

4. *Ermitaño* se define como "alguien que se retira de la sociedad y vive en soledad especialmente por razones religiosas: solitario".
5. *Neurosis* se define como "un trastorno mental y emocional que afecta solo a una parte de la personalidad… y está acompañada de varias molestias físicas, psicológicas y mentales (como síntomas viscerales, ansiedades o fobias)".

El espíritu de cobardía y el vudú

Las personas que están dominadas por la cobardía pueden morir de ello. Las pruebas a animales han mostrado que la cobardía destructiva y la aprensión pueden destruir el cuerpo. Una persona que practica vudú usa un espíritu de cobardía, y otros demonios, para matar a otros. Implanta la aterradora idea de la muerte en la mente de la víctima. Después, cuando el individuo se alimenta de sus propias emociones con pensamientos aterradores, la presión aumenta y comienza a provocar daños en su cuerpo muy rápidamente. La víctima de vudú, que está oprimida por los espíritus malignos, muestra temor, preocupación, terror, miedo a la muerte, etc. Debemos resistir a estos espíritus mediante el Espíritu Santo aplicando la sangre de Jesús, el nombre de Jesús y la Palabra de Dios.

La ausencia de cobardía es la marca de un verdadero discípulo

La Biblia enseña que el pueblo de Dios no debe temer a otros dioses, como los dioses de los demonios o los hombres fuertes. (Véase 2 Reyes 17:37–38). No deben temer el mal (véase Salmos 23:4); no deben temer al hombre (véase Hebreos 13:6; Mateo 10:26–28); no deben temer el reproche de los hombres (véase Isaías 51:7); y no deben temer el sufrimiento, prisión o tribulación (véase Apocalipsis 2:10).

Los cobardes están enumerados entre los que serán echados al lago de fuego y azufre. (Véase Apocalipsis 21:8). Recuerde que Dios desechó a los cobardes del ejército que había preparado para conquistar a los madianitas. (Véase Jueces 7:2–3).

Pero si buscamos al Señor hasta que nos oiga, Él nos librará de todos nuestros temores. (Véase Salmos 34:4). Según la Biblia, el único temor que un hombre debería tener es el temor, o reverencia, del Señor. Temer a cualquier otra persona o cosa es malo. El temor es un enemigo de Dios y del hombre. El corazón que está totalmente habitado por Jesús no debería tener espacio para el temor. El temor no puede existir donde esté el amor de Dios, porque *"el perfecto amor echa fuera el temor"* (1 Juan 4:18). El temor es un destructor de la esperanza y la fe. Hablando a los discípulos, Jesús dijo: *"¿Por qué teméis, hombres de poca fe?"* (Mateo 8:26).

Cuando hemos entendido plenamente que nuestra esperanza está en Cristo, no tenemos razón para temer, porque Cristo no nos fallará. Sabemos que nuestra fe crecerá al estudiar la Palabra de Dios, para que nuestro espíritu pueda ser alimentado, y las semillas de fe y esperanza puedan ser plantadas en nosotros. A medida que estas semillas crezcan y produzcan una cosecha abundante de amor de Dios, y de esperanza en Jesucristo, el temor tendrá que irse.

Una persona que está constantemente atormentada por un espíritu de temor aún no ha sido perfeccionada en el amor. (Véase 1 Juan 4:18). Debería comenzar a estudiar el amor de Dios en la Biblia, porque, repito, *"el perfecto amor echa fuera el temor"*. Todo creyente debería resistir al temor. Rehúse dejarle ser parte de su vida y de su hogar. ¡Expúlselo! ¡Luche contra él individualmente y luche contra él con otros!

5

ESPÍRITUS MUDOS Y SORDOS

"Y cuando Jesús vio que la multitud se agolpaba, reprendió al espíritu inmundo, diciéndole: ***Espíritu mudo y sordo****, yo te mando, sal de él, y no entres más en él. Entonces el espíritu, clamando y sacudiéndole con violencia, salió".*

—Marcos 9:25–26

Manifestaciones del espíritu mudo y sordo, con algunos versículos representativos son:

- Mudez (véase Marcos 9:25).
- Enfermedades del oído interno.
- Demencia (véase Mateo 17:15).
- Epilepsia (véase Marcos 9:20).
- Revolcarse (véase Marcos 9:20).
- Convulsiones (véase Marcos 9:20).
- Sacudirse (véase Marcos 9:18, 26).
- Ataques (véase Marcos 9:18, 20, 26).
- Espuma por la boca (véase Lucas 9:39; Marcos 9:20).
- "Secarse": estupor inmóvil (véase Marcos 9:18).
- Crujir de dientes (véase Marcos 9:18).
- Tendencias suicidas (véase Marcos 9:22).
- Clamar a gritos (véase Marcos 9:26).
- Quemarse (véase Marcos 9:22).
- Ahogarse (véase Marcos 9:22).
- Postrarse (véase Marcos 9:26).
- Sacudir con violencia (véase Lucas 9:39).

- Sentirse obligado.
- Sentirse forzado.
- Locura (véase Marcos 9:17–29).
- Hidrofobia.
- Esquizofrenia.
- Ceguera (véase Mateo 12:22).
- Enfermedades oculares (aparte del envejecimiento natural).

Cuando Jesús reprendió al espíritu mudo y sordo en Marcos 9:25, lo identificó como *un* espíritu, diciendo: *"Espíritu mudo y sordo, yo te mando, sal de él, y no entres más en él"*. Este espíritu causa muchos problemas.

En Marcos 9:17–29 leemos el relato de un hombre que llevó a su hijo a Jesús y dijo: *"... Que tiene un espíritu mudo"* (versículo 17). El hombre después le describió a Jesús las manifestaciones de este espíritu en su hijo; en otras palabras, cómo el espíritu afectaba al niño. El demonio le atrapaba, le tomaba por la fuerza y le obligaba a ir a ciertos lugares. Tiraba al niño al suelo y él echaba espuma por la boca, crujía sus dientes y desfallecía (entraba en un estupor sin movilidad y se ponía rígido).

Los síntomas de la epilepsia son algunas de las manifestaciones del espíritu mudo y sordo. Por lo tanto, cuando ministre a un epiléptico debería echar fuera este espíritu. La *epilepsia* se define como "episodios cortos repentinos de alteración o disminución de la conciencia, movimientos involuntarios o convulsiones". ¿Ve lo bien que se corresponde esta descripción con las acciones del hijo del pasaje de Marcos 9?

El suicidio también está clasificado como una manifestación de un espíritu mudo y sordo. *"Y muchas veces le echa en el fuego* [intentando quemarle para matarle] *y en el agua* [ahogarle], *para matarle"* (Marcos 9:22). ¡Con qué frecuencia oímos que una víctima de suicidio se corta las venas! ¡Con qué frecuencia las personas cometen suicidio arrojándose desde lugares altos! Por lo tanto, cuando ministramos a una persona que ha intentado cometer suicidio deberíamos echar fuera al espíritu mudo y sordo.

Jesús subrayó la importancia de creer mientras echamos fuera el espíritu mudo y sordo, el más fuerte de todos los espíritus. Él dijo: *"Al que cree todo lo es posible"* (Marcos 9:23). En el versículo 29 también dijo: *"Este género con nada puede salir, sino con oración y ayuno"*. La oración y el ayuno son remedios para la incredulidad y la duda en la persona que ministra liberación.

Anteriormente en el evangelio de Marcos leemos acerca de otra manifestación de este espíritu: tener la lengua atada. *"Y le trajeron un sordo y tartamudo, y le rogaron que le pusiera la mano encima... Al momento fueron abiertos sus oídos, y se desató la ligadura de su lengua, y hablaba bien"* (Marcos 7:32, 35). De igual modo, nosotros deberíamos ministrar a personas que tienen la lengua atada echando fuera al espíritu mudo y sordo.

El relato de Mateo del niño que fue liberado del espíritu mudo y sordo incluye la manifestación de demencia. *"Señor, ten misericordia de mi hijo, que es* ***lunático****, y padece muchísimo"*. (Mateo 17:15). La palabra griega para *"lunático"* es *seleniazomai*, que significa "golpeado por la luna" (STRONG, nºG4583). El diccionario *Merriam-Webster's 11th Collegiate Dictionary* define *locura* como "demencia". Esta condición estaba producida por un demonio, el cual aparentemente atacaba al niño en el periodo de la luna llena, haciendo pensar a otros que la luna era la causa. Pero el versículo 18 nos da la verdadera causa: *"Y reprendió Jesús al demonio, el cual salió del muchacho, y éste quedó sano desde aquella hora"*.

Al ir ahora a Lucas 9:38–39, vemos que el padre de este niño reconoció que el problema estaba relacionado con un espíritu maligno: *"Y sucede que un espíritu le toma..."* (versículo 39). En el versículo 40 vemos que el padre reconoció que el espíritu se podía echar fuera: *"Y rogué a tus discípulos que le echasen fuera"*. Cuando Jesús hizo lo correcto, se obtuvieron los resultados correctos. Si aplicamos los principios del Nuevo Testamento, obtendremos los resultados del Nuevo Testamento.

Otra manifestación de este espíritu es la ceguera. *"Entonces fue traído a él un endemoniado, ciego y mudo; y le sanó, de tal manera que el ciego y mudo veía y hablaba"* (Mateo 12:22). Jesús hizo una liberación completa y sanidad aquí; observe la palabra *"de tal manera"*. No debería haber duda, entonces, de cómo tratar o ministrar la ceguera. ¡Atar el espíritu y echarle fuera! Cuando se hace esto, puede que la persona aún no pueda ver, porque su(s) ojo(s) han estado dañados. Después debemos orar por sanidad.

Atar y echar fuera al demonio, por lo tanto, no necesariamente asegura que una persona sea sanada. El daño que el espíritu ha producido en el cuerpo puede que aún siga presente. Por ejemplo, cuando el demonio echó al fuego al hijo, la carne del cuerpo quizá sufrió quemaduras, y es posible que aún tuviera que sanar. Como muchas personas no entienden esta realidad, se desaniman después de una liberación. Dudan de que el espíritu maligno haya sido expulsado, porque estaban esperando una sanidad instantánea.

Si usted desaloja a unos cuantos inquilinos inmundos de su casa, aún tendrá que reparar los daños. Su casa aún necesitará ser *"barrida y adornada"* (Mateo 12:44). Del mismo modo, después de echar fuera un demonio deberíamos invitar al Espíritu Santo a entrar y morar. No es suficiente con tratar solo con los demonios. También deberíamos vendar las heridas. Sabemos que Jesús no siempre hace una sanidad instantánea; a veces su sanidad es gradual.

La parábola del buen samaritano es una buena ilustración del proceso de sanidad después de una liberación. Y Jesús terminó la parábola diciéndonos a todos: *"Ve, y haz tú lo mismo"* (Lucas 10:37). No es suficiente con asustar a los ladrones o tener compasión; también tenemos que ver que el sufridor es tratado hasta que sea sanado. (Véase Lucas 10:30–37).

Yo he experimentado muchos casos en los que una persona había sido liberada de un espíritu inmundo, pero poco después me di cuenta de que aún estaba sufriendo. Él pensaba que realmente no se produjo ninguna liberación, por los síntomas restantes. En vez de seguir resistiendo al demonio, se desanimaba y se volvía a someter al espíritu. Y entonces llegaba a estar siete veces peor que antes de la liberación, como enseña la Biblia. (Véase Mateo 12:43–45; Lucas 11:24–26).

En Mateo 12:24 los fariseos reconocieron que Cristo había expulsado demonios de un hombre: *"Mas los fariseos, al oírlo, decían: Este no echa fuera los demonios sino por Beelzebú, príncipe de los demonios"*. Aunque atribuyeron el poder de Cristo a Satanás, ¡aun así reconocieron que la ceguera y la mudez eran fruto de los demonios! Quizá eran más sabios que muchos ministros hoy día. Sabían cómo llamar a las cosas por su nombre. En la actualidad, muchas personas llaman opresión demoniaca a todo, desde un problema hasta una enfermedad. Pero ellos, gloria a Dios, hablaban la verdad y decían: "¡Fulanito tiene una demonio!". Es una vergüenza que nosotros no aprendamos a "usar bien la Palabra de verdad". (Véase 2 Timoteo 2:15). ¿Por qué no deberíamos decir que un diablo es un diablo?

6

ESPÍRITU ANGUSTIADO

"A ordenar que a los afligidos de Sion se les dé gloria en lugar de ceniza, óleo de gozo en lugar de luto, manto de alegría en lugar del ***espíritu angustiado****".*
—Isaías 61:3

Manifestaciones del espíritu angustiado, con algunos versículos representativos son:

- Aflicción (véase Isaías 61:3).
- Dolor.
- Pena o tristeza (véase Proverbios 15:13).
- Sufrimiento (véase Zacarías 10:2; Marcos 13:8).
- Desesperación (véase Eclesiastés 2:20).
- Quebranto (véase Lucas 4:18).
- Desesperanza (véase Efesios 2:12).
- Soledad (véase Salmo 25:16).
- Desánimo (véase Números 21:4; 32:9).
- Rechazo.
- Autocompasión.
- Glotonería.
- Pesadumbre.

Mientras recopilaba todos los versículos acerca del espíritu angustiado, descubrí que muchos de ellos describían las características de este espíritu. Eso me ayudó a entender sus manifestaciones y la manera correcta de ministrar a una persona oprimida por él. Antes pensaba que algunas de las manifestaciones del espíritu eran realmente espíritus, y había tratado con ellos como tales. Pero el Señor me corrigió en esto y me enseñó por su Palabra los nombres correctos de los espíritus y sus manifestaciones acompañantes.

Las manifestaciones del espíritu angustiado no glorifican al Señor. Ceniza, luto y angustia no dan gloria al Señor. Y la misión de este espíritu inmundo es primero robarnos el gozo, después producir su fruto maligno (o manifestación) en nosotros, y finalmente traer un espíritu de enfermedad. Por eso tenemos que luchar contra ello. El Señor se glorifica cuando mantenemos nuestra integridad, nos aferramos a nuestra fe en su Palabra y vencemos a Satanás para liberar a los cautivos.

> *Y serán llamados árboles de justicia, plantío de Jehová, para gloria suya.* (Isaías 61:3)

> *Porque habéis sido comprados por precio; glorificad, pues, a Dios en vuestro cuerpo y en vuestro espíritu, los cuales son de Dios.*
> (1 Corintios 6:20)

Armas espirituales contra el espíritu angustiado

Las armas espirituales que podemos usar contra el espíritu angustiado son las siguientes:

- El óleo de gozo (véase Isaías 61:3).
- El manto de alegría/cantar alabanzas al Señor (véase Isaías 61:3; Salmos 9:2; 104:33).
- Danzar y alegrarse (véase 2 Samuel 6:14; Salmos 150:4).
- Paz (véase Salmos 29:11; 55:18).

Este espíritu no puede estar ante la presencia del gozo del Señor. Cuando alabamos a Jesús o nos alegramos y damos gracias a Dios, somos llenos de alegría y de la paz interior que sobrepasa todo entendimiento. (Véase Filipenses 4:7). Después podremos glorificar a Dios en nuestro cuerpo y nuestro espíritu.

El Espíritu Santo me reveló que el espíritu angustiado trabaja muy de cerca con el espíritu de enfermedad (véase capítulo 7) para hacer que sus manifestaciones se apoderen de la vida de la persona. Cuando Él me reveló esto, estaba muy ocupada con el ministerio, y estaban llegando muchos visitantes, algunos incluso de lugares muy lejanos. Algunas de las personas estaban enfermas y había que ocuparse de ellas, y yo era responsable de gran parte de ese cuidado. Mi fortaleza física me estaba pasando factura. Creo que el espíritu angustiado hizo que las circunstancias me debilitaran; y luego, cuando estaba en ese estado de debilidad, el espíritu me atacó. Estoy convencida de esto porque lo que experimenté no es la forma en que actúa el Espíritu Santo. Él no nos sobrecarga, ni nos hace llegar demasiado lejos; más bien, nos dirige con mucha gentileza.

Primero estaba tremendamente agotada; después me deprimí; finalmente, me enfermé. Comencé a tener hemorragias. Había decidido años atrás que confiaría en que el Señor cuidaría de mi salud, mientras yo pudiera. Así que hice eso. Pero ese estado empeoró y se convirtió en algo muy grave. Llegué a la segunda semana. Durante los servicios del domingo por la mañana llamé a los ancianos para que me ungieran con aceite e impusieran sus manos. La Biblia enseña que cualquiera que esté enfermo haga esto, para que se ponga bien. (Véase Santiago 5:14–16). Cuando acabaron los servicios, algunas de las personas se quedaron allí conmigo, orando tranquilamente durante algún tiempo. Parecían no estar dispuestas a dejarme en esa condición. Tras un tiempo, algo realmente comenzó a moverse en la sala. Era como si un manto de puro gozo cayera sobre nosotros. Uno tras otro, comenzamos a regocijarnos hasta que todos nos estábamos riendo con una gran libertad en el Espíritu Santo.

Había algo brotando dentro de mí que estaba destruyendo la pesadumbre. Después sentí un gran impulso del Espíritu Santo de cantar alabanzas al Señor, ¡y de gozarme y danzar! Bueno, cualquiera podría decirle que danzar no es bueno cuando una tiene hemorragias. Iría en contra de toda lógica humana. (No estoy recomendando que se haga esto, a no ser que el Señor guíe a hacerlo). Pero el gozo del Señor estaba sobre nosotros y, por loco que pudiera parecer, comencé a danzar.

Ahí estaba yo, prácticamente en mi lecho de muerte, con la sangre de mi vida yéndose de mi cuerpo a una velocidad alarmante. El diablo me había advertido durante días que fuera al hospital para que me pusieran una transfusión de sangre, ¡y aquí el Señor Jesús me estaba diciendo que danzara! Así que, como el David de antaño, dancé. Dancé delante del Señor con todas mis fuerzas.

Cuando todo el mundo se había ido, regresé a la cama, aparentemente sin haber mejorado nada. Pero algo había ocurrido, porque tenía un sentimiento interior de paz y una verdadera sumisión a Dios, sin importar cuál fuera a ser el resultado. De camino a mi cama, me miré en el espejo y observé que mi tez tenía un tono amarillento. Así que antes de irme a dormir esa noche, tuve una larga conversación con el Señor. Sentía que verdaderamente no había ayuda humana que me sirviera. Había confiado en Dios con toda mi vida, y hasta ese momento, Él no había escogido sanarme. Le dije: "Señor, se acabó: si no me sanas, moriré. Ahora estoy encomendando mi espíritu en tus manos capaces". Entonces me fui a dormir.

El Espíritu Santo me despertó durante la noche, el cual parecía estar resistiendo la muerte en mí. Así que comencé a resistir al espíritu angustiado y el espíritu de enfermedad atándoles y echándoles fuera. Cuando cesó la batalla, obtuve la victoria, ¡y fui completamente sanada!

Al día siguiente, Jesús me llevó a escribir todos los versículos que me había dado con relación a todo por lo que la Biblia nos enseña a gozarnos. He usado estos versículos muchas veces desde entonces, especialmente cuando ministro a personas que están siendo oprimidas por estos dos poderosos espíritus inmundos. Y alabo al Señor por la lección que me enseñó acerca de lo importantes que son.

Unas cuantas razones para regocijarse

> *Regocijaos de que vuestros nombres están escritos en los cielos.* (Lucas 10:20)

> *Nosotros nos alegraremos en tu salvación, y alzaremos pendón en el nombre de nuestro Dios.* (Salmos 20:5)

> *Jehová reina; regocíjese la tierra.* (Salmos 97:1)

> *Cuando por mi causa os vituperen y os persigan, y digan toda clase de mal contra vosotros, mintiendo. Gozaos y alegraos, porque vuestro galardón es grande en los cielos.* (Mateo 5:11–12)

> *Cuando los hombres os aborrezcan, y cuando os aparten de sí, y os vituperen, y desechen vuestro nombre como malo, por causa del Hijo del Hombre. Gozaos en aquel día, y alegraos, porque he aquí vuestro galardón es grande en los cielos.* (Lucas 6:22–23)

> *Mas os gozaréis y os alegraréis para siempre en las cosas que yo he creado; porque he aquí que yo traigo a Jerusalén alegría, y a su pueblo gozo.* (Isaías 65:18)

7

ESPÍRITU DE ENFERMEDAD

"Y había allí una mujer que desde hacía dieciocho años tenía ***espíritu de enfermedad****, y andaba encorvada, y en ninguna manera se podía enderezar".*

—Lucas 13:11

Manifestaciones del espíritu de enfermedad, con algunos versículos representativos son:

- Joroba (véase Lucas 13:11).
- Fragilidad: impotencia, debilidad, flaqueza.
- Mal: un trastorno prolongado y profundamente arraigado (véase Juan 5:5).
- Resfriados.
- Fiebre: podemos reprender una fiebre (véase Lucas 4:38–39).
- Fiebre del heno.
- Sinusitis.
- Asma.
- Infecciones virales.
- Disentería (véase Hechos 28:8).
- Hongos.
- Artritis.

Hasta el día de hoy, los mejores esfuerzos por combatir las infecciones virales han conllevado fortalecer el sistema inmune. La inmunidad es la capacidad del tejido vivo de *resistir* y *vencer* una infección. Es interesante notar que la Biblia nos da un mandamiento que usa un lenguaje similar: *"Resistid al diablo, y huirá de vosotros"* (Santiago 4:7). Resistir se refiere a aguantar con fuerza a un espíritu de enfermedad. Debemos luchar intencionalmente contra los gérmenes o los ataques inmundos. La Biblia también dice: "*Sed sobrios, y velad; porque vuestro adversario el diablo, como león rugiente, anda alrededor buscando a quien devorar; al cual resistid firmes en la fe*" (1 Pedro 5:8–9).

¿Nos rendimos ante el diablo sin una lucha? No debemos rendirnos nunca. Creyentes: ¡tenemos poder *sobre* toda fuerza del enemigo! (Véase Lucas 10:19). Debemos aprender a resistir al adversario en vez de someternos a él. El pueblo de Dios vence a los espíritus inmundos y las enfermedades que les afligen, porque el Espíritu de Dios que está en ellos es mayor y más poderoso que los espíritus inmundos. (Véase 1 Juan 4:4).

Cómo vencer

La definición de la palabra *vencer*, junto con sus sinónimos, vierte luz sobre cómo podemos ser victoriosos:

Vencer: "obtener lo mejor de".

Superar: "prevalecer contra" (véase Lucas 10:19; Romanos 16:20); "llegar a la cima de"; "levantarse por encima de"; "retirar los obstáculos" (véase Mateo 21:21–22; Marcos 11:23–24).

Conquistar: "conseguir o adquirir mediante la fuerza de los brazos"; someter a toda oposición; dejar indefenso.

Derrotar: vencer subyugando el poder de otro (véase Mateo 12:28; Marcos 16:17).

Triunfar: ganar una victoria abrumadora sobre un oponente o antagonista.

Ganar: pelear una batalla y salir victorioso.

Las definiciones de estas palabras no sugieren pasividad y sometimiento. Por lo tanto, no debemos "poner la otra mejilla" a Satanás; ¡debemos ser victoriosos! Deberíamos tomar el reino por la fuerza (véase Mateo 11:12); el adversario no debería tomarnos por la fuerza.

Las fuerzas ocupantes de un país conquistado ejecutan las órdenes del conquistador sobre su enemigo derrotado. Y sucede que nosotros somos las fuerzas de ocupación de Cristo hasta que Él regrese. (Véase Lucas 19:13). ¡Jesús es el victorioso! Satanás es el enemigo derrotado. El problema es que Satanás ha convencido a muchos de lo contrario, y está ejerciendo así su dominio sobre ellos.

"Somos más que vencedores por medio de aquel que nos amó" (Romanos 8:37). ¿Nos levantaremos y estaremos en los negocios de nuestro Padre, venciendo en lugar de ser vencidos? ¿Comenzaremos a pelear una buena batalla?

Recompensas prometidas a los que vencen

> *El que tiene oído, oiga lo que el Espíritu dice a las iglesias. Al que venciere, le daré a comer del árbol de la vida, el cual está en medio del paraíso de Dios.* (Apocalipsis 2:7)

> *El que tiene oído, oiga lo que el Espíritu dice a las iglesias. El que venciere, no sufrirá daño de la segunda muerte.* (Apocalipsis 2:11)

> *El que tiene oído, oiga lo que el Espíritu dice a las iglesias. Al que venciere, daré a comer del maná escondido, y le daré una piedrecita blanca, y en la piedrecita escrito un nombre nuevo, el cual ninguno conoce sino aquel que lo recibe.* (Apocalipsis 2:17)

> *Al que venciere y guardare mis obras hasta el fin, yo le daré autoridad sobre las naciones, y las regirá con vara de hierro, y serán quebradas como vaso de alfarero; como yo también la he recibido de mi Padre. Y le daré la estrella de la mañana.* (Apocalipsis 2:26–28)

> *El que venciere será vestido de vestiduras blancas; y no borraré su nombre del libro de la vida, y confesaré su nombre delante de mi Padre, y delante de sus ángeles.* (Apocalipsis 3:5)

> *Al que venciere, yo lo haré columna en el templo de mi Dios, y nunca más saldrá de allí; y escribiré sobre él el nombre de mi Dios, y el nombre de la ciudad de mi Dios, la nueva Jerusalén, la cual desciende del cielo, de mi Dios, y mi nombre nuevo.* (Apocalipsis 3:12)

> *Al que venciere, le daré que se siente conmigo en mi trono, así como yo he vencido, y me he sentado con mi Padre en su trono.* (Apocalipsis 3:21)

> *El que venciere heredará todas las cosas, y yo seré su Dios, y él será mi hijo.* (Apocalipsis 21:7)

8

ESPÍRITU DE CELOS

"Si viniere sobre él ***espíritu de celos****, y tuviere celos de su mujer, habiéndose ella amancillado; o viniere sobre él* ***espíritu de celos****, y tuviere celos de su mujer, no habiéndose ella amancillado".*
—Números 5:14

Manifestaciones del espíritu de celos, con algunos versículos representativos son:

- Celos.
- Asesinato (véase Génesis 4:3–8).
- Ira (véase Génesis 4:5–6).
- Enojo (véase Génesis 4:8).
- Furor (véase Proverbios 6:34).
- Venganza (véase Proverbios 6:34).
- Rencor: relacionado con la venganza.
- Odio (véase Génesis 37:3–4, 8).
- Crueldad, maldad (véase Cantar de los Cantares 8:6).
- Sospecha: relacionada con los celos.
- Codicia.
- Competencia. (Véase Génesis 4:4–5).
- Rivalidad: relacionada con la competencia.
- Egoísmo: relacionado con la competencia.
- Discordia/disensión: divide, separa hogares e iglesias.

El espíritu de celos en el matrimonio

> *Si la mujer de alguno se descarriare, y le fuere infiel, y alguno cohabitare con ella, y su marido no lo hubiese visto por haberse ella amancillado ocultamente, ni hubiere testigo contra ella, ni ella hubiere sido sorprendida en el acto…* (Números 5:12–13)

Leemos aquí acerca de una mujer casada que ha sido contaminada porque se ha acostado con otro hombre. El esposo no era consciente del hecho, ya que fue *"ocultamente"*, y no había testigos contra ella. Pero en el siguiente versículo, *"…si **viniere sobre él*** [el esposo] ***espíritu de celos***" (Números 5:14). Este hombre no tenía un conocimiento personal del pecado de su esposa. Había estado en secreto, y ella no se había quedado embarazada. Sin embargo, el espíritu de celos vino sobre él y le hizo sospechar de que su esposa le había sido infiel. ¿Se lo dijo el espíritu?

El vínculo matrimonial ordenado por Dios ofrece una seguridad perfecta tanto al esposo como a la esposa si tienen cuidado de mantenerse dentro de sus límites. Pero el espíritu de celos intenta destruir la unión matrimonial, así como otras uniones.

Revertir la obra del espíritu de celos

El espíritu de celos intentará destruir a la gente mediante las tácticas enumeradas previamente, así como por medio de muchas otras. Los que sufren el ataque del espíritu de celos por lo general se sienten inseguros. No están seguros de si se les ama genuinamente, y por lo que realmente son. Por lo general, temen que la persona a la que aman finalmente les deje. Son desconfiados y se sienten inferiores e indignos. Creen que son menos favorecidos y bendecidos por Dios que otros.

Debemos usar el amor de Dios para derrotar al espíritu, y para dar la victoria a los santos. Si observa en las Escrituras, Jesús nos enseñó un principio que contrarresta las obras del espíritu de celos. Nos enseñó a hacer el bien a los que nos usan; y a amar a los que nos odian. (Véase Mateo 5:44; Lucas 6:27–28). Así, para vencer este espíritu debemos mostrar amor a la persona pero mostrar el filo de la espada, la Palabra de Dios, al enemigo. Esto le cortará por lo sano, ¡le quitará de en medio! No estamos luchando contra sangre y carne (véase Efesios 6:12); ¡estamos luchando contra el *"príncipe de la potestad del aire"* (Efesios 2:2)! Una pelea de lucha libre nunca tiene un K.O., como puede tenerlo un combate de boxeo. En cambio, los luchadores de lucha libre pasan un round tras otro, ¡hasta que se consigue la victoria!

Se debe probar, resistir y echar fuera al espíritu en el nombre de Jesús. Después, la víctima debe caminar continuamente en su liberación: reclamándola, creyéndola, viviéndola y rehusando volver a ser atrapado. Recuerde que el espíritu de celos se manifestará en nuestra vida con resentimiento, odio y sentimientos enfermizos hacia los miembros de nuestra familia, nuestros vecinos y nuestros hermanos y hermanas en Cristo. Sin embargo, la Palabra de Dios dice:

> *En esto conocerán todos que sois mis discípulos, si tuviereis amor los unos con los otros.* (Juan 13:35)
>
> *El odio despierta rencillas; pero el amor cubrirá todas las faltas.* (Proverbios 10:12)
>
> *Y andad en amor, como también Cristo nos amó.* (Efesios 5:2)

Para poder andar en amor, lea el capítulo 13 de 1 Corintios, medite en él, y pida al Señor Jesús que le ayude a vivirlo.

El espíritu de celos causa división

Este espíritu aguerrido provoca a una persona a celos engañándola con insinuaciones. Pone una trampa con evidencia circunstancial. Este espíritu es un hombre fuerte enviado por Satanás; es una potestad principal, y puede tener a muchos demonios de rango inferior trabajando con él. Debemos reconocer este espíritu y sus manifestaciones, para no caer en su trampa.

Lo que comúnmente se denomina un "espíritu de división" es realmente una manifestación del espíritu de celos. El espíritu de celos es uno de los principales enemigos de la unidad cristiana. Su principal objetivo es dividir los hogares cristianos, iglesias, amistades, etc.

Este espíritu destruye amistades cristianas plantando pensamientos de sospecha en la mente de un amigo en contra del otro, causando así que el primer amigo se ofenda cuando no había intención de hacerlo. Después, el espíritu alimenta la discordia; por ejemplo, usando a una tercera parte para transmitir un comentario inocente hecho por uno de los amigos, a fin de que los otros amigos lo malinterpreten y se ofendan. Los otros amigos contestarán con unos cuantos comentarios escogidos por ellos mismos. Así es como la gente cae en el "*lazo del cazador*" (Salmos 91:3). Y antes de que se den cuenta, han perdido un amigo muy querido. He observado a muchos cristianos, que antes tenían una buena comunión con otro creyente, caer en esta trampa.

El mejor plan de resistencia para este truco del enemigo es el siguiente: en cuanto discierna que este espíritu de celos está actuando, vaya a la otra parte y cuéntele cómo se siente. Confiese cualquier cosa negativa que dijo acerca de él o ella, y explique cualquier comentario negativo que oyó que supuestamente él o ella dijo. Dígale por qué le ha dolido y que valora su amistad y amor. ¡Esa sinceridad reducirá a la nada las obras del espíritu inmundo!

9

ESPÍRITU DE NECEDAD

"El Señor envió sobre ellos un ***espíritu de necedad****... Ellos hacen que Egipto se tambalee como un borracho en su vómito".*

—Isaías 19:14, NTV

Manifestaciones del espíritu de necedad, con algunos versículos representativos son:

- Espíritu herido: produce una herida en el espíritu de la persona (véase Proverbios 15:4).
- Trampas: hace que alguien haga alguna travesura (véase Proverbios 17:20, 23).
- Error: hace que alguien caiga en el error (véase Isaías 19:14).
- Odio: hace que alguien menosprecie a Dios (véase Proverbios 14:2).
- Necedad: hace que alguien diga palabras perversas (véase Proverbios 19:1).
- Desprecio: hace que alguien sea despreciado por otros (véase Proverbios 12:8).
- Lujuria: hace que alguien mire al sexo opuesto y piense cosas perversas (véase Proverbios 23:33).
- Inquietud: hace que alguien se queje contra el Señor (véase Proverbios 19:3).
- Perversión de la verdad: hace que alguien tuerza la Palabra para ventaja de Satanás o para malinterpretar el evangelio (véase 2 Pedro 3:16–17).
- Hijo del diablo: hace que alguien tuerza los caminos rectos del Señor (véase Hechos 13:10).
- Rebeldía: toda rebeldía es en contra de Dios.

- Perversión sexual: toda desviación sexual, incluyendo la homosexualidad y la prostitución.
- Amor excesivo al yo (véase 2 Timoteo 3:2).
- Falsos maestros (véase 2 Pedro 2).

Así es como la Biblia describe a las personas que se han sometido a un espíritu de necedad:

> *Porque en el evangelio la justicia de Dios se revela por fe y para fe, como está escrito: Mas el justo por la fe vivirá. Porque la ira de Dios se revela desde el cielo contra toda impiedad e injusticia de los hombres que detienen con injusticia la verdad; porque lo que de Dios se conoce les es manifiesto, pues Dios se lo manifestó. Porque las cosas invisibles de él, su eterno poder y deidad, se hacen claramente visibles desde la creación del mundo, siendo entendidas por medio de las cosas hechas, de modo que no tienen excusa. Pues habiendo conocido a Dios, no le glorificaron como a Dios, ni le dieron gracias, sino que se envanecieron en sus razonamientos, y su necio corazón fue entenebrecido. Profesando ser sabios, se hicieron necios y cambiaron la gloria del Dios incorruptible en semejanza de imagen de hombre corruptible, de aves, de cuadrúpedos y de reptiles. Por lo cual también Dios los entregó a la inmundicia, en las concupiscencias de sus corazones, de modo que deshonraron entre sí sus propios cuerpos, ya que cambiaron la verdad de Dios por la mentira, honrando y dando culto a las criaturas antes que al Creador, el cual es bendito por los siglos. Amén. Por esto Dios los entregó a pasiones vergonzosas; pues aun sus mujeres cambiaron el uso natural por el que es contra naturaleza, y de igual modo también los hombres, dejando el uso natural de la mujer, se encendieron en su lascivia unos con otros, cometiendo hechos vergonzosos hombres con hombres, y recibiendo en sí mismos la retribución debida a su extravío. Y como ellos no aprobaron tener en cuenta a Dios, Dios los entregó a una mente reprobada, para hacer cosas que no convienen; estando atestados de toda injusticia, fornicación, perversidad, avaricia, maldad; llenos de envidia, homicidios, contiendas, engaños y malignidades; murmuradores, detractores, aborrecedores de Dios, injuriosos, soberbios, altivos, inventores de males, desobedientes a los padres, necios, desleales, sin afecto natural, implacables, sin misericordia; quienes habiendo entendido el juicio de Dios, que los*

> *que practican tales cosas son dignos de muerte, no sólo las hacen, sino que también se complacen con los que las practican.*
>
> (Romanos 1:17–32)

La liberación de un espíritu de necedad reside en una verdadera conversión y un total compromiso con Cristo, así como atar al espíritu y echarlo fuera. La persona liberada debería ser llena del Espíritu Santo. Debe someterse a Dios, resistir constantemente los pensamientos malignos, y estudiar la Palabra y orar diariamente. Ser guiado por el Espíritu Santo es la única ayuda para los que están luchando contra un espíritu de necedad. Dios perdonará a quienes han confesado honestamente sus pecados a Dios y se han arrepentido de verdad. (Véase 1 Juan 1:9).

Primera de Corintios 6:9–11 asegura esto a los que han sido perdonados:

> *¿No sabéis que los injustos no heredarán el reino de Dios? No erréis; ni los fornicarios, ni los idólatras, ni los adúlteros, ni los afeminados, ni los que se echan con varones, ni los ladrones, ni los avaros, ni los borrachos, ni los maldicientes, ni los estafadores, heredarán el reino de Dios. Y esto erais algunos; mas ya habéis sido lavados, ya habéis sido santificados, ya habéis sido justificados en el nombre del Señor Jesús, y por el Espíritu de nuestro Dios.*

10

ESPÍRITU DE ADIVINACIÓN Y ESPÍRITU DE CONSULTAR A LOS MUERTOS

*"Entonces Saúl dijo a sus criados: Buscadme una mujer que tenga **espíritu de adivinación**, para que yo vaya a ella y por medio de ella pregunte. Y sus criados le respondieron: He aquí hay una mujer en Endor que tiene espíritu de adivinación. Y se disfrazó Saúl, y se puso otros vestidos, y se fue con dos hombres, y vinieron a aquella mujer de noche; y él dijo: Yo te ruego que me adivines por el espíritu de adivinación, y me hagas subir a quien yo te dijere".*

—1 Samuel 28:7–8

Manifestaciones del espíritu de adivinación y del espíritu de consultar a los muertos, con algunos versículos representativos son:

- Adivino (véase "Brujo o hechicero").
- Adivinador: un observador de los tiempos; un almanaque, horóscopos, etc. (véase Deuteronomio 18:10; Daniel 2:26–28).
- Encantador: un mago.
- Brujo o hechicero: alguien que practica la brujería y la hechicería (véase Deuteronomio 18:11).
- Hipnotizador.
- Médium: alguien que consulta a espíritus de muertos.
- Clarividente (véase "Brujo o hechicero").
- Nigromante: alguien que consulta a los muertos (véase Deuteronomio 18:11).
- Conjurador: alguien que ordena o llama a un demonio para que aparezca.

- Astrónomo: alguien que estudia las estrellas, las adora e interpreta cómo las estrellas influyen en los asuntos humanos[6] (véase Isaías 47:13).
- Astrólogo (véase "Astrónomo").
- Belomancia: practicar la adivinación mediante las flechas (véase Ezequiel 21:21).
- Brujo del agua: alguien que practica la adivinación mediante una vara (Véase Oseas 4:12).
- Aruspicina: practicar la adivinación mediante la inspección de la vísceras (véase Ezequiel 21:21).
- Terafines: imágenes consultadas en busca de consejo (véase Jueces 17:5).
- Susurrador: alguien que se comunica con un espíritu de adivinación, como si estuviera hablándose a sí mismo (véase Isaías 8:19).
- Ventrílocuo: alguien que cambia su voz; los que hablan desde la tierra o desde el vientre; fantasma que pía, farfulla, susurra, parlotea y arrulla con murmullos en tono grave; hacer ruido apenas abriendo la boca; mimos y pantomimos también pueden manifestar el espíritu de adivinación (véase Isaías 29:4; 8:19).
- Voyerista: "una persona que consigue placer especialmente de naturaleza sexual observando a otros en secreto".[7]

Adivinación mediante poder demoniaco

Unger's Bible Dictionary explica que adivinación, "el arte de obtener conocimiento secreto, especialmente del futuro, es el equivalente pagano de la profecía. Una cuidadosa comparación de la escritura revelará que la adivinación inspiracional es mediante el poder demoniaco, mientras que la profecía genuina es mediante el Espíritu de Dios.

6. Definición de *astrología* traducida de *Merriam-Webster's 11th Collegiate Dictionary* y en *Encyclopedia Britannica Concise*, www.merriam-webster.com/concise/astrology.
7. Traducido de *Webster's II New College Dictionary*, 3rd ed. (Boston, MA: Houghton Mifflin Company, 2005), 831.

La actitud bíblica hacia la adivinación es particularmente hostil".[8] En Deuteronomio, leemos:

> *No aprenderás a hacer según las abominaciones de aquellas naciones. No sea hallado en ti... quien practique adivinación, ni agorero, ni sortílego, ni hechicero, ni encantador, ni adivino, ni mago, ni quien consulte a los muertos. Porque es abominación para con Jehová cualquiera que hace estas cosas.* (Deuteronomio 18:9–12)

Pensé que lo mejor era combinar las enseñanzas de dos espíritus inmundos, el espíritu de adivinación y el espíritu de consultar a los muertos, porque sus manifestaciones son muy similares. Además, el espíritu de adivinación parece que recibe la ayuda y la energía del espíritu de consultar a los muertos. Quienes poseen un espíritu de consultar a los muertos quizá lo llamen un "espíritu guía personal" que es afable y con quien tienen una estrecha relación. Estos espíritus son siervos que pueden llamarse a discreción, y a menudo se transmiten de una generación a otra dentro de una familia.

Se usan muchos objetos y métodos para adivinación del futuro. Algunos de los más comunes son la bola de cristal, horóscopos, hojas del té, péndulos, tablero de güija, cartas del tarot, sueños, señales, lectura de la mano, lectura de la mente y análisis de la escritura. Todos ellos se usan para conseguir una respuesta acerca del futuro. El espíritu de adivinación también puede estar relacionado con algo que se lleva puesto para evitar una enfermedad, como un amuleto de la buena suerte, una pata de conejo, un ídolo, una cruz, etc.

Otros métodos de hechicería son recitar versos mágicos, hacer maleficios, poner a la persona en trance, viajes del alma y otros poderes inmundos que da Satanás. ¡Los que practican tal brujería, y adoran a Satanás, están en alianza con el adversario de Dios y del hombre!

Un viejo truco que todavía funciona

> *Aconteció que mientras íbamos a la oración, nos salió al encuentro una muchacha que tenía espíritu de adivinación, la cual daba*

8. Traducido de Merrill F. Unger, *Unger's Bible Dictionary*, 3rd ed. (Chicago, IL: Moody Press, 1966), 271.

> *gran ganancia a sus amos, adivinando. Esta, siguiendo a Pablo y a nosotros, daba voces, diciendo: Estos hombres son siervos del Dios Altísimo, quienes os anuncian el camino de salvación. Y esto lo hacía por muchos días; mas desagradando a Pablo, éste se volvió y dijo al espíritu: Te mando en el nombre de Jesucristo, que salgas de ella. Y salió en aquella misma hora.* (Hechos 16:16–18)

Pablo vio que aunque esta muchacha estaba diciendo la verdad, el propósito de Satanás era hacer creer a la gente que ella estaba asociada con ellos y que estaban haciendo milagros mediante espíritus inmundos. Observe que ella les seguía como si estuviera relacionada con ellos.

He visto ocurrir situaciones similares hoy día, ya que Satanás sigue usando ese mismo truco. Por ejemplo, un ministro muy conocido del evangelio va a tener una reunión en una ciudad en particular. Entonces una persona con un espíritu de adivinación le sigue. Esta persona hablará muy bien del ministro e insinuará que está trabajando de cerca con él, bajo su aprobación. El propósito es usar la reputación del ministro conocido como una puerta para "ministrar" mediante un espíritu inmundo, para engañar a la gente y desacreditar la verdadera obra de Dios. El uso de Satanás de esta táctica es otra buena razón por la que debemos probar los espíritus, ¡para ver si son de Dios!

11

ESPÍRITU DE FORNICACIONES

"Mi pueblo a su ídolo de madera pregunta, y el leño le responde; porque ***espíritu de fornicaciones*** *lo hizo errar, y dejaron a su Dios para fornicar".*
—Oseas 4:12

Manifestaciones del espíritu de fornicaciones, con algunos versículos representativos son:

- Fornicación: asociarse con el diablo; ser infiel a Cristo; tener un espíritu adúltero; ser impuro; abandonar la cobertura protectora de Dios; incluye cristianos que se han apartado (véase Éxodo 34:14–16; Ezequiel 16:15).
- Prostitución: ofrecerse para la lascivia; dedicarse a propósitos vulgares o indignos; vender el amor por precio (véase Ezequiel 16:28).
- Idolatría: adorar a un objeto o imagen, como un falso dios o una deidad pagana; tener un afecto o devoción exagerada por un objeto; veneración excesiva de algo (véase 1 Samuel 15:23; Gálatas 5:19–20). Nuestro corazón está donde está nuestro tesoro (véase Mateo 6:21).

Alguien que está bajo la influencia y el control del espíritu de fornicaciones puede prostituirse con uno o más de los siguientes:

- Amor al mundo (véase 2 Timoteo 4:10; 1 Juan 2:15).
- Amor a la posición y estatus social: Jesús llamó a los que amaban la posición y el estatus social "hijos del infierno" (véase Mateo 23:5–7, 15).
- Amor al dinero: Jesús dijo *"raíz de todos los males es el amor al dinero"* (1 Timoteo 6:10). El amor al dinero produce tentaciones,

trampas y lujuria, y puede causar que una persona se aparte de la fe. También produce tristeza y destrucción a las personas (véase 1 Timoteo 6:7–10).

- Amor por la comida: personas que tienen un amor desmesurado por la comida sirven a su propio estómago (véase Romanos 16:18; 1 Corintios 6:12–16). Su estómago es su dios (véase Filipenses 3:18–19).
- Amor al cuerpo: fornicación y adulterio; pecado sexual de todo tipo; exhibiciones corruptas del cuerpo: imágenes lascivas, nudismo, pornografía, etc. (véase 1 Corintios 6:13–20; Gálatas 5:19).
- *Adulterar* significa "corromper, degradar, o hacer impuro por la adición de una sustancia ajena o inferior". Cuando somos salvos, la sangre de Jesús nos limpia de toda injusticia y nos hace puros. Pero si después lo mezclamos con una sustancia ajena, nos degradamos:

> *Mas el que comete adulterio es falto de entendimiento; corrompe su alma el que tal hace.* (Proverbios 6:32)

> *Porque os celo con celo de Dios; pues os he desposado con un solo esposo, para presentaros como una virgen pura a Cristo.*
> (2 Corintios 11:2)[9]

Espíritus que actúan junto al espíritu de fornicaciones

Observe la pluralidad de la palabra "*fornicaciones*" en Oseas 4:12. Descubrí ocasiones en las Escrituras que vinculan el espíritu de fornicaciones con otros espíritus, particularmente el espíritu de adivinación, el espíritu de consultar a los muertos y el espíritu de necedad. Creo que estos espíritus inmundos pueden trabajar junto a este demonio principal, el espíritu de fornicaciones, o estar asociados con él. Leamos una vez más Oseas 4:12:

9. Lea Ezequiel 16 para ver cómo Jesús, el Novio de la iglesia, se siente acerca del adulterio espiritual de su novia.

Mi pueblo a su ídolo de madera pregunta, y el leño le responde; porque espíritu de fornicaciones lo hizo errar, y dejaron a su Dios para fornicar.

La palabra *"leño"* se refiere aquí a la adivinación mediante la vara (véase la enseñanza en el capítulo 10 acerca del espíritu de adivinación). La palabra *"errar"* implica el espíritu de error, ante el cual el espíritu de fornicaciones hizo que sucumbiera el pueblo de Dios.

Resistir al principio

Mi teoría es que si se permite a un demonio permanecer en una persona, invitará a otros demonios a entrar. Veamos el hipotético consumo de alcohol por parte de una persona como un ejemplo de este proceso. Por un tiempo, el individuo quizá bebe solamente de manera social. Después, un día, se ve encadenado por el espíritu de esclavitud. Ya no está en control, sino que se da cuenta de que está atado a las demandas y apetitos de este espíritu. Cuando el espíritu de esclavitud ha logrado su misión, entrega a esta persona a otro demonio, uno que es más fuerte que él mismo y que comenzará desde donde el otro lo dejó, llevando a la víctima a un estado incluso peor. Ahora la persona tiene *dos* demonios atacándole en vez de uno. En este caso, el segundo demonio podría ser un espíritu de temor. Cada uno de estos espíritus es especialista en su propio campo, y cada uno tiene manifestaciones particulares mediante las cuales podemos reconocerle. Repito: así como un médico puede diagnosticar una enfermedad por sus síntomas, nosotros podemos identificar a un espíritu invisible por su fruto.

Las manifestaciones dadas en este libro para cada demonio en concreto son las metas que está intentando alcanzar. La cantidad de fruto que es capaz de producir en la vida de una persona depende de la cantidad de tiempo que se le haya permitido trabajar ininterrumpidamente en su vida. El espíritu sabe que podría ser resistido fácilmente, vencido y expulsado si un verdadero creyente se lo ordenase. Sin embargo, una vez que se ha conseguido esa victoria, el creyente tiene que estar dispuesto a resistir al espíritu cuando regrese queriendo entrar. La persona tiene que someterse constantemente a Dios, como se indica en Santiago 4:7:

1. Sométase a Dios.
2. Resista al diablo.
3. El diablo tiene que huir de usted.

Si no hay intervención alguna del creyente, el espíritu finalmente completará su obra. Después, como hemos tratado ya, traerá consigo uno más fuerte y más malvado que él. Por ejemplo, el espíritu de cobardía podría llamar al espíritu mudo y sordo, y el espíritu mudo y sordo comenzará desde donde lo dejó el espíritu de cobardía. Finalmente, el espíritu mudo y sordo entra en la mente de la víctima y posee su cuerpo, de tal forma que la persona podría o bien estar ocupada por muchas fuerzas satánicas o ser guiada a quitarse la vida, dependiendo de la voluntad del amo del demonio, Satanás. Por supuesto, este sería el peor estado en que se podría estar.

Para usar un ejemplo del mundo físico, supongamos que una persona ha tenido un resfriado común. Después, como fue negligente en cuidarse, el resfriado se convirtió en neumonía, lo cual fue un estado mucho peor que el primero. La neumonía podría después llevar a la persona a la muerte. Si se hubieran tomado los cuidados pertinentes en el primer estado, en el resfriado común, podría haber evitado los estados subsiguientes. De forma similar, es mucho más fácil convertir a un alcohólico en la primera etapa de beber de forma social, o echar fuera al espíritu de esclavitud en el estado siguiente, que tratar con el espíritu mudo y sordo en el estado avanzado. Esta visión nace de la enseñanza de Jesús sobre este tema:

> *Entonces va* [el espíritu inmundo], *y toma consigo otros siete espíritus peores que él, y entrados, moran allí; y el postrer estado de aquel hombre viene a ser peor que el primero.* (Mateo 12:45)

Si un creyente comienza a ministrar a una víctima durante la primera etapa de la obra de un espíritu mudo y sordo en él, será más fácil que ministrarle en la última etapa de la obra de este demonio en particular. Ministrar en la última etapa necesitaría mucho más ayuno por parte del creyente, pues estaría tratando con el más fuerte de todos los espíritus (o varios espíritus juntos). No se puede tratar con ninguna de estas serpientes en ignorancia, pero con sabiduría y una fe firme, por el poder del Espíritu Santo, ¡puede enviarles fuera serpenteando!

Creo que es muy importante que los creyentes aprendan a probar los espíritus por su fruto y a tratar con espíritus inmundos de una forma bíblica. Entonces las personas encontrarán la liberación que necesitan cuando acudan a un siervo del Señor buscando ayuda. Muchos ministros dicen que no desean "hacer olas"; en su lugar, intentan mantener la paz y predicar amor. Pero habría más paz y amor en el mundo si echásemos fuera demonios de las personas en vez de fingir que no están ahí.

Los pastores que evitan este ministerio son comparables a los médicos que ignoran los síntomas de cierta enfermedad hasta que se convierte en algo peor. Muchos no harán las obras de Jesús, después de haber predicado. Pero Jesús nos ordenó que siguiéramos haciendo sus obras hasta el fin. (Véase Apocalipsis 2:26). Tenemos que realizar las mismas obras que hicieron Jesús y sus seguidores. Examine bien los mandatos que Jesús dio a sus seguidores en Mateo 10:8, Marcos 16:17 y Lucas 10:9.

12

ESPÍRITU DE ALTIVEZ

"Antes del quebrantamiento es la soberbia, y antes de la caída la ***altivez de espíritu****. Mejor es humillar el espíritu con los humildes que repartir despojos con los soberbios".*
—Proverbios 16:18–19

Manifestaciones del espíritu de altivez, con algunos versículos representativos, son:

- Orgullo (véase Proverbios 6:16–17; Isaías 16:6).
- Desdén (véase Salmos 1:1; Proverbios 3:34).
- Burla (véase Proverbios 14:9; Isaías 28:22).
- Mirada altanera (véase Isaías 2:11; 5:15; Jeremías 48:29).
- Presumir: jactancioso (véase 1 Pedro 5:5).
- Terquedad: tenaz y obstinado (véase Proverbios 29:1; Hechos 7:51).
- Ira (véase Proverbios 21:24; Isaías 16:6).
- Chismes (véase Proverbios 16:28; 21:23–24).
- Contención (véase Proverbios 13:10).
- Egoísmo.
- Justicia propia.
- Santurronería.
- Sentimientos exaltados.
- Vanidad.
- Arrogancia (véase 1 Pedro 5:3, 5).
- Dominancia: controlar, autoritario, predominar (véase Mateo 20:25–26; Marcos 10:42–43; 1 Pedro 5:3, 5).

- Insolencia (véase 1 Pedro 5:5).
- Asertividad: actitud de superioridad (véase Proverbios 3:32).

Los que son altivos serán abatidos

La altivez de los ojos del hombre será abatida, y la soberbia de los hombres será humillada; y Jehová solo será exaltado en aquel día. (Isaías 2:11)

La altivez del hombre será abatida, y la soberbia de los hombres será humillada; y solo Jehová será exaltado en aquel día. (Isaías 2:17)

Dios ha prometido abatir a todos los hombres que den lugar a un espíritu altivo, abatiéndoles. El término "abatir" usado en estos versículos significa "encorvar", "doblar" (STRONG nºH7817) o rendir; se usa para dar a entender algo que se ha curvado o doblado, como la cabeza o el cuerpo.

He conocido a personas que han rehusado humillarse experimentar repentinamente una hernia de disco o algún otro achaque de la espalda, de tal forma que se doblan o encorvan, sin poder enderezar la espalda o el cuello. Oraron y buscaron a Dios, y Él les dijo que había ocurrido porque tenían un espíritu altivo.

Dios no tolerará el espíritu de altivez en sus hijos. Pablo nos dijo que le fue enviado un "*mensajero de Satanás*" para picotear su orgullo, a fin de que no se envaneciera, o "*exaltase desmedidamente*", debido a las tremendas experiencias que había tenido con Dios. (Véase 2 Corintios 12:7).

La Biblia nos enseña que Dios aborrece el espíritu altivo y que un espíritu altivo precede a la caída. (Véase Proverbios 6:16–17; 16:18). El ojo de Dios está sobre los altivos, para abatirles. (Véase 2 Samuel 22:28). Dios castigará al orgulloso (véase Isaías 13:11) y al despreciativo (véase Proverbios 3:34). Recuerde: tener un espíritu altivo lleva a la persona a luchar con Dios; y Dios castigará a esa persona, ¡porque un espíritu altivo es abominación para Él!

Dios da gracia a los humildes

La Palabra de Dios ofrece el único remedio para el espíritu altivo, para que seamos libres de él. Como este espíritu se reivindica contra Dios, la persona con un espíritu altivo debe primero someterse a Dios. También debe atar al hombre fuerte y echarle fuera en el nombre de Jesús. Después debe seguir estas pautas bíblicas para mantenerse libre:

> *Humillaos delante del Señor, y él os exaltará.* (Santiago 4:10).

> *Humillaos, pues, bajo la poderosa mano de Dios, para que él os exalte cuando fuere tiempo.* (1 Pedro 5:6)

> *La soberbia del hombre le abate; pero al humilde de espíritu sustenta la honra.* (Proverbios 29:23)

> *Riquezas, honra y vida son la remuneración de la humildad y del temor de Jehová.* (Proverbios 22:4)

> *Porque cualquiera que se enaltece, será humillado; y el que se humilla, será enaltecido.* (Lucas 14:11)

> *Y el que de vosotros quiera ser el primero, será siervo de todos.* (Marcos 10:44)

> *Luego* [Jesús] *puso agua en un lebrillo, y comenzó a lavar los pies de los discípulos, y a enjugarlos con la toalla con que estaba ceñido...* [Jesús dijo,] *Pues si yo, el Señor y el Maestro, he lavado vuestros pies, vosotros también debéis lavaros los pies los unos a los otros.* (Juan 13:5, 14)

> *Someteos unos a otros en el temor de Dios.* (Efesios 5:21)

> *Pero yo, cuando ellos enfermaron, me vestí de cilicio; afligí con ayuno mi alma, y mi oración se volvía a mi seno.* (Salmos 35:13)

La Escritura enseña que *"Dios resiste a los soberbios, y da gracia a los humildes"* (1 Pedro 5:5). Observemos ahora la instrucción en 1 Pedro 5:6: *"Humillaos, pues, bajo la poderosa mano de Dios, para que él os exalte cuando fuere tiempo"*. Es *su propia* responsabilidad humillarse. Cuando usted haga su parte humillándose, Él le exaltará.

> *Mejor es humillar el espíritu con los humildes que repartir despojos con los soberbios.* (Proverbios 16:19)

> *La soberbia del hombre le abate; pero al humilde de espíritu sustenta la honra.* (Proverbios 29:23)

Porque así dijo el Alto y Sublime, el que habita la eternidad, y cuyo nombre es el Santo: Yo habito en la altura y la santidad, y con el quebrantado y humilde de espíritu, para hacer vivir el espíritu de los humildes, y para vivificar el corazón de los quebrantados. (Isaías 57:15)

Jesús se humilló a sí mismo; el rey David se humilló a sí mismo; y nosotros, también, tenemos el mandato de humillarnos. Debemos procurar ser humildes, sencillos y como niños, confiando en la Palabra de Dios. Si tenemos éxito al humillarnos, Dios nos exaltará. Si no, Dios nos humillará.

13

ESPÍRITU DE MENTIRA

"Entonces salió un espíritu que se puso delante de Jehová y dijo: Yo le induciré. Y Jehová le dijo: ¿De qué modo? Y él dijo: Saldré y seré ***espíritu de mentira*** *en la boca de todos sus profetas. Y Jehová dijo: Tú le inducirás, y lo lograrás; anda y hazlo así".*
—2 Crónicas 18:20–21

Manifestaciones del espíritu de mentira, con algunos versículos representativos, son:

- Mentiras.
- Gran engaño: una falsa y dañina impresión; el estado de ser engañado; creer una mentira; la sustitución de la verdad por alguna falsificación (véase 2 Tesalonicenses 2:10–11).
- Insinuación: algo que implica o supone verdad; una pista; una sugerencia; una falsa apariencia o pretensión.
- Exageración: añadir algo a la verdad o agrandar la verdad.
- Adulación: halagos falsos o no sinceros (véase Proverbios 26:28). La adulación produce adivinación y una vana visión a la familia de la fe (véase Ezequiel 12:24). Satanás persuade a muchos cristianos a recurrir a la adulación, incluso en esfuerzos cristianos. También, la adulación será usada por el anticristo para "[tomar] *el reino*" (Daniel 11:21).
- Vana palabrería: hablar en exceso, chismear y palabras vanas; la obra de los cuentistas. La Biblia nos enseña a decir lo que queremos decir, y no más (véase Mateo 12:36–37; 2 Timoteo 2:16).
- Palabras profanas (véase 1 Timoteo 4:7; 6:20; 2 Timoteo 2:16).
- Hipocresía: interpretar un papel; fingir o simular bondad; pretender ser algo que no es (véase Mateo 23:28; 1 Timoteo 4:1–2).

- Religiosidad: Lo que se puede denominar como un "espíritu religioso" en alguien no es un espíritu sino más bien el resultado de un espíritu mentiroso. También puede oír la religiosidad con referencia a un "espíritu farisaico" o incluso a un "espíritu eclesial". A veces he oído que lo llaman un "espíritu condenatorio". Todas estas son buenas descripciones de esta manifestación del espíritu de mentira.
- Frenéticas respuestas emocionales: mucha propaganda de una obra de la carne; fingir el poder de Dios "temblando" o con otras acciones para mostrar lo cerca que está uno de Dios. (No me refiero al temblor que a veces se siente cuando alguien está en la presencia del Señor sino más bien a la conducta de alguien que llama la atención a sí mismo y busca la aprobación de los hombres respecto a lo "santo" que es).
- Celo impulsivo: manifestación que a menudo se denomina "espíritu impulsor"; le impulsa a uno a hacer grandes esfuerzos que agotan el cuerpo.
- Cuentos de siempre: historias del hada de los dientes, Papá Noel y el conejito de Pascua; cuentos de hadas; etc. (véase 1 Timoteo 4:7).
- Supersticiones: Creer que tendrá mala suerte si, por ejemplo, se le cruza un gato negro o pasa por debajo de una escalera; brebajes como las bolas asafétidas que se llevan en el cuello para evitar malas enfermedades.
- Vanas imaginación e ideas: falsas o fantásticas imágenes o ideas mentales; meras creaciones de la mente. Deberíamos andar en la verdad de los hecho y no en suposiciones. Caminar en imaginaciones que son contrarias a Dios pone a las personas bajo maldición (véase Jeremías 23:15–19). Contrariamente, leemos en los Salmos que quien dice la verdad en su corazón morará en el monte santo (véase Salmos 15:1–2).

El peligro de las vanas imaginaciones e ideas

Muchos de nosotros hemos sido culpables de crear vanas imaginaciones e ideas sin darnos cuenta de ello. Por ejemplo, podemos imaginar cómo serán los últimos tiempos y después formar algún tipo de idea u opinión acerca de ello, sin estudiar de verdad lo que revela la Palabra al respecto. Aceptamos esa idea, o vana imaginación, como la verdad. Después, cuando oímos a alguien hacer una declaración genuina al respecto, nos sueña extraño y lo rechazamos como algo excéntrico. A veces, llegamos a afirmar nuestras vanas ideas como si fueran verdades.

Otro ejemplo es cuando nosotros los cristianos desarrollamos la idea de cómo serviremos al Señor. Quizá nos imaginamos en el campo misionero en una tierra lejana, haciendo cosas emocionantes para Dios, pero quizá no es ese su plan para nosotros. O quizá nos imaginamos en el púlpito, predicando la Palabra a miles, cuando el plan de Dios puede ser que demos testimonio a personas en la calle. Podemos dejarnos desviar por ideas fantásticas, y el espíritu de mentira las usará para engañarnos. No confundamos vanas imaginaciones con caminar en fe en las cosas que no se ven, porque la fe está basada en la Palabra de Dios, que es un hecho. (Véase Romanos 10:17; 2 Corintios 4:18; 5:7).

Manifestaciones del espíritu de mentira

El espíritu religioso

Como hemos destacado, una de las manifestaciones del espíritu de mentira es el espíritu religioso. Trabajando junto a un espíritu altivo, el espíritu de mentira usa esta manifestación de una forma muy torcida para quitarles a los buenos cristianos su vitalidad y fuerza.

Pido a Dios que los cristianos en todo lugar aprendan a detectar a este espíritu inmundo de mentira y a no darle lugar en sus vidas. Satanás sabe que no podría asignar un espíritu inmundo que sea obvio, como el espíritu de necedad o el espíritu de fornicaciones, a determinados cristianos. Pero qué fácilmente aceptarán a un impostor, en forma de la manifestación de un espíritu religioso.

Así es como se puede producir tal engaño. Primero, el espíritu de altivez viene con orgullo. Después de haber logrado unos cuantos objetivos, llama a su amigo para que le ayude: su viejo amigo el espíritu de mentira. Así, el individuo, ya hinchado de orgullo, recibe una falsa unción: un "sentimiento" y un "celo" que lleva a muchos cristianos a la tumba, si no se detecta.

A menudo no aprendemos estas cosas en libros. Por lo general, las aprendemos en la escuela de los golpes duros. Los ministros más experimentados se guardan este conocimiento espiritual para sí mismos, permitiendo así que el adversario devore a muchos creyentes jóvenes e inexpertos con los mismos trucos de siempre. El Señor me dijo que si Él susurra un mensaje en mi oído, debo gritarlo desde los tejados. (Véase Mateo 10:27). Si nos amamos unos a otros, nos avisaremos unos a otros de las posibles trampas. ¡Nadie me avisó de ninguna de estas trampas!

Ahora compartiré cómo aprendí acerca del espíritu religioso. Dios había comenzado a usarme a tiempo completo en el ministerio. Después de mucho ayuno y oración, desarrollé una gran carga por los perdidos, los que estaban buscando a Dios. Oraba y le pedía a Dios que me guiara a quienes tenían una necesidad. Entonces salía por las mañanas, después de que mi esposo se hubiera ido al trabajo, y dejaba que el Espíritu Santo me guiara a lugares donde Él quisiera que yo fuera.

El Espíritu Santo me guió a hogares donde había personas que buscaban a Dios. Algunos días, iba a un hogar donde varias personas se habían reunido para orar. Después el Espíritu derramaba sobre mí una gran unción. La gente recibía salvación, sanidad, liberación o cualquier cosa que necesitase.

Vi cómo se producían grandes cosas para Dios; le vi hacer cosas que me impresionaban y emocionaban. Pero me guardaba todo esto. En cierto momento, observé que siempre que tenía un día de ministración pesado, lo que pensaba era que la unción del Espíritu Santo había permanecido sobre mí incluso cuando intentaba relajarme. Nunca me dejaba. Como resultado, estaba continuamente dando, lo cual me agotaba.

Un día, cuando llegué a casa después de un día de trabajo muy exitoso con Dios, me desplomé en el sofá para relajarme un rato antes de comenzar a cenar. Tras un par de horas, aún no era capaz de relajarme, y clamé a Dios pidiéndole que retirara su "unción" durante un tiempo.

Entonces su calmada voz respondió y dijo: "¿Estás segura de que es mía?". ¡Me quedé de piedra! ¿Podía una sierva del Señor ser engañada? ¡No había conocido a ningún cristiano que se hubiera tenido que preocupar por algo así! Mientras esta pregunta daba vueltas por mi mente, Él añadió: "¿Por qué no lo reprendes? Si se va, es que no era mío".

Lo reprendí y ordené que todo lo que no fuera de Dios se fuera de mí. Sentí que algo húmedo se iba de mí, comenzando por mi cabeza y finalmente agarrándose a mis piernas, hasta que se fue del todo. Sentí la paz de Dios inundándome. Después Dios me mostró cómo este impostor, el espíritu religioso, había entrado después de la unción y se había quedado para agotarme. Aprendí bien esta lección. ¡Los que trabajan en el ministerio cristiano deben probar los espíritus para ver si son o no de Dios!

El espíritu de condenación

La manifestación del espíritu de condenación es el fruto combinado de un espíritu de error y un espíritu de mentira. Esta manifestación es la más engañosa de todas las que usa Satanás para atrapar a los creyentes. Con el espíritu de condenación, él engañaría permanentemente a los elegidos, si eso fuera posible. (Véase Mateo 24:24; Marcos 13:22). Como Satanás engaña a las personas tan a menudo con este espíritu de condenación, siento que Dios quiere que escriba una descripción extensa del fruto que producen quienes son engañados por él:

- Siempre profesan el cristianismo, y algunos incluso pueden ser cristianos sinceros.
- Como muchos cristianos, a veces muestran evidentes versículos bíblicos en sus automóviles, ropa, etc. Pero su propósito al hacerlo es solo tener entrada al redil. Son lobos con piel de cordero. (Véase Mateo 7:15).
- Vienen para robar, matar y destruir. (Véase Juan 10:10).
- Intentan suprimir, impedir y destruir a ministros o misiones eficaces; impiden la publicación o revelación de la verdad.
- Buscan especialmente devorar a mujeres y niños. Por lo general, adularán a los hombres e intentarán establecer una buena relación con ellos.
- Por lo general, viajan a ciudades donde no les conocen, ya que dejan un rastro de devastación detrás de ellos. Me acuerdo de aquellos de los que Jesús dijo que matarían creyentes pensando que estaban sirviendo a Dios. (Véase Juan 16:2).

- Se aíslan del resto del cuerpo de Cristo, de la comunión y la congregación de los santos, estimándose por encima de otros a ojos de Dios.
- Denuncian, acusan, culpan, amenazan y maldicen a los creyentes. Dirán que están haciendo estas cosas en amor, pero odian a los creyentes.
- Ellos mismos prescriben el castigo de otros, menospreciando al verdadero y único Juez, ¡Jesucristo! Juzgan, condenan, dictan sentencia y sellan el destino de los creyentes. Así, hacen que el pueblo de Dios tenga desesperación, destruyendo a aquellos por los que Cristo murió.

El espíritu eclesiástico

La manifestación del espíritu eclesiástico ata a una persona a una estricta adherencia a la ley, incluso aunque Jesús haya roto el velo del templo en dos (véase Mateo 27:50–51; Marcos 15:37–38; Lucas 23:45–46) y haya hecho un nuevo pacto de gracia con nosotros, porque no podíamos cumplir el antiguo pacto. Este espíritu también hace que las personas busquen justificación o represalias por sí mismas, algo parecido al ojo por ojo y diente por diente.

Los que tienen un espíritu eclesiástico intentan controlar a otras personas. Por ejemplo, los miembros de una iglesia o grupo pueden presionar a un nuevo convertido para que adopte la imagen de los demás en esa asamblea. Así, el nuevo creyente se siente obligado a una conformidad hipócrita en la que debe vestir, actuar y hablar de cierta manera para parecer piadoso y cumplir con los requisitos de las tradiciones del grupo. Este tipo de presión se puede convertir en una piedra de tropiezo para el crecimiento espiritual de un creyente. (Véase Romanos 14:13). Los pesados yugos impuestos sobre el nuevo convertido a manos de los que han sido influenciados por el espíritu eclesiástico pueden incluso hacer que esta persona lamente haberse hecho cristiana.

14

ESPÍRITU DEL ANTICRISTO

"Y todo espíritu que no confiesa que Jesucristo ha venido en carne, no es de Dios; y este es el ***espíritu del anticristo****, el cual vosotros habéis oído que viene, y que ahora ya está en el mundo".*

—1 Juan 4:3

Manifestaciones del espíritu del anticristo ("en contra de Cristo") son:

- Intenta ocupar el lugar de Cristo.
- Oposición a Cristo:
  - Su doctrina
  - Su humanidad
  - Su deidad
  - Su victoria
- Sustituye métodos de expiar el pecado y de encontrar la aceptación de Dios.
- Demanda la autoridad suprema; ata a personas a las leyes de la iglesia que son contrarias a la enseñanza de la Biblia sobre la libertad de la ley.
- Ataques a los testimonios personales de los individuos de lo que la sangre de Jesús ha hecho por ellos.
- Oposición al oficio profético mediante la reclamación de la autoridad para añadir, alterar o tomar de la profecía, revelación, etc.
- Oposición al oficio sacerdotal de Cristo y los santos.

- Blasfemias horribles contra los dones del Espíritu, atribuyéndolos a Satanás.
- Supresión de ministerios.
- Intentos de irritar, afligir, acosar y molestar la comunión y las reuniones.
- Vejación de almas justas.
- Guerra de guerrilla llevada a cabo contra los santos mediante fuerzas inteligentes.
- Persecución de los santos.
- Intentos de hacerse con el gobierno de la tierra, robando así el dominio de los hombres redimidos.
- Intentos de frustrar el plan de Dios para el reino del milenio.
- Intentos de seducir a los creyentes hacia el error, como describe 1 Timoteo 4:1–4:

Pero el Espíritu dice claramente que en los postreros tiempos algunos apostatarán de la fe, escuchando a espíritus engañadores y a doctrinas de demonios; por la hipocresía de mentirosos que, teniendo cauterizada la conciencia, prohibirán casarse, y mandarán abstenerse de alimentos que Dios creó para que con acción de gracias participasen de ellos los creyentes y los que han conocido la verdad. Porque todo lo que Dios creó es bueno, y nada es de desecharse, si se toma con acción de gracias.

La marca del anticristo

Porque muchos engañadores han salido por el mundo, que no confiesan que Jesucristo ha venido en carne. Quien esto hace es el engañador y el anticristo. Mirad por vosotros mismos, para que no perdáis el fruto de vuestro trabajo, sino que recibáis galardón completo. Cualquiera que se extravía, y no persevera en la doctrina de Cristo, no tiene a Dios; el que persevera en la doctrina de Cristo, ése sí tiene al Padre y al Hijo. Si alguno viene a vosotros, y no trae esta doctrina, no lo recibáis en casa, ni le digáis: ¡Bienvenido! Porque el

> *que le dice: ¡Bienvenido! participa en sus malas obras.*
>
> (2 Juan 1:7–11)

La enseñanza de Juan aquí es tan clara sobre cómo discernir y manejar el espíritu del anticristo que no es necesario desarrollarla más. Tan solo atraeré su atención a un punto: observe cómo los espíritus seductores y de mentira están ligados con el espíritu del anticristo. Como mis estudios han demostrado que sus manifestaciones son las mismas, considero que estos espíritus son uno.

15

DISCERNIMIENTO DE ESPÍRITUS

Los dones del Espíritu Santo se nos dieron para no depender de nuestras propias capacidades, sino en cambio actuar en el poder del Espíritu Santo, como hizo Jesús. Se nos dieron para que trabajaran según la capacidad de Dios. Y el discernimiento de espíritus es uno de estos dones o armas poderosas.

Se ha enseñado o escrito muy poco acerca del don de discernimiento de espíritus porque se sabe muy poco acerca de él. A menudo oímos mensajes de quienes tienen el don de sanidad, y hay mucha buena información sobre ese don. Del mismo modo, a menudo se enseña sobre los dones de lenguas, interpretación, palabra de conocimiento y demás. Sin embargo, quienes han tenido el don de discernimiento de espíritus y lo han usado en sus ministerios parecen no haber podido compartir mucho acerca del mismo en el pasado. Ahora, no obstante, Dios está dando más libertad y conocimiento acerca de todos los dones, y quiero explicar el don de discernimiento de espíritus con más detalle aquí.

El discernimiento de espíritus es un don muy valioso para la obra del ministerio y para perfeccionar a los santos, y Dios no retendrá ningún buen don a aquellos que se lo piden. Dios dijo que prepararía totalmente a su pueblo para toda buena obra. (Véase 2 Timoteo 3:17). El don de discernimiento de espíritus abrirá nuestros ojos espirituales para que podamos percibir más allá de nuestra capacidad natural. Con este don, podremos discernir entre todos los distintos espíritus para saber si son o no de Dios.

Los ojos de nuestro espíritu no son como los ojos físicos. Y un espíritu no tiene carne y huesos. (Véase Lucas 24:39). Así que no vemos un espíritu en una forma corporal, a menos, claro está, que Dios se lo revele al ojo natural. Pero el espíritu existe, no obstante, y su fruto es muy real.

Un buen ejemplo de ojos espirituales siendo abiertos se encuentra en 2 Reyes 6:14–17:

> *Entonces envió el rey allá gente de a caballo, y carros, y un gran ejército, los cuales vinieron de noche, y sitiaron la ciudad. Y se levantó de mañana y salió el que servía al varón de Dios, y he aquí el ejército que tenía sitiada la ciudad, con gente de a caballo y carros. Entonces su criado le dijo: ¡Ah, señor mío! ¿qué haremos? El le dijo: No tengas miedo, porque más son los que están con nosotros que los que están con ellos. Y oró Eliseo, y dijo: Te ruego, oh Jehová, que abras sus ojos para que vea. Entonces Jehová abrió los ojos del criado, y miró; y he aquí que el monte estaba lleno de gente de a caballo, y de carros de fuego alrededor de Eliseo.*

Los ojos espirituales del siervo fueron abiertos. También yo tuve una experiencia dramática cuando Dios abrió mis ojos y me dio el don de discernimiento de espíritus.

Un jueves por la mañana, un gran grupo de personas llegó a mi casa para ministración, a muchas de las cuales yo no conocía. Una señora que acababa de salir del hospital pidió oración. Había intentado suicidarse con tranquilizantes, y confesaba ser médium y practicar ocultismo. Nos dijo que tenía un espíritu guía.

Cuando nos acercamos y comenzamos a orar por ella, el espíritu de adivinación comenzó a lanzar amenazas de que iba a matarla. Se cayó al piso como si estuviera inconsciente, y el espíritu inmundo seguía amenazándola con una gran voz. Nos dijo que llevaba allí mucho tiempo, que la odiaba, y que tenía la intención de matarla en ese momento. Tras el anuncio, ella comenzó a sufrir un paro cardiaco. (Después supe que tenía problemas de corazón). Jadeaba en busca de aire, y su piel se puso morada. Era evidente para todos en la sala que se estaba muriendo. Un gran temor cayó sobre todos nosotros. Yo clamé a Dios pidiendo ayuda. De repente, fue como si la realidad espiritual se abriera, y pude ver el drama que se estaba desarrollando. Vi mi casa, que estaba en el Golfo, rodeada de automóviles de policía. Vi portadas en los periódicos poco consideradas y que estropearían la obra de Cristo en el área. ¡Vi que esta situación era una trampa de Satanás desde el principio hasta el fin! Y, queridos amigos, cuando vi eso, ¡comenzó un partido totalmente distinto! ¡Satanás había sido expuesto!

Mientras esta mujer se apretaba la garganta, dirigí mi rostro hacia el cielo como un pedernal. Aferré mi fe a la Palabra infalible e inconmovible de Dios y el Espíritu Santo comenzó a darme versículos específicos para citar. Me oí hablando a ese espíritu inmundo en palabras similares a las que Jesús hablaba cuando liberaba a la gente de demonios: "¡Deja de desgarrarla y sal fuera!".

Finalmente, ese demonio fuerte comenzó a llorar y gritar, rogándome que le permitiera quedarse. Después, con un gran temblor, la soltó y se fue. Entonces terminamos nuestro ministerio con esa mujer pacíficamente. ¡Vimos a nuestro maravilloso Dios hacer un milagro ese día!

Conocer a los espíritus

Por lo tanto, debemos aprender las tareas individuales y ministerios de todos los espíritus en el mundo espiritual. Al decir mundo espiritual, me refiero a los distintos seres espirituales que habitan en los mundos materiales invisibles, tanto en el espacio como debajo de la tierra. (Véase Filipenses 2:10; Apocalipsis 5:2, 13). Al aprender lo que se espera de nosotros, o qué parte nos ha asignado el Padre, podemos hacer la voluntad de Dios y dar fruto. Debemos aprender bien esta lección, para no encontrarnos en una situación en la que intentemos hacer el trabajo del Espíritu Santo, o quizá incluso trabajemos a favor de Lucifer. Si sabe lo que se espera de usted, sabrá cómo cooperar y trabajar en armonía con Dios, cómo recoger con Jesús en vez de desparramar. Por ejemplo, deberíamos conocer el ministerio de...

1. Dios Padre
2. Jesús Hijo
3. El Espíritu Santo
4. El hombre redimido
5. Los ángeles
6. Lucifer
7. Los demonios

Cada espíritu en el mundo espiritual tiene una tarea o misión asignada. La Biblia nos enseña a probar un espíritu por el fruto que produce. Cuando hemos hecho esto, tenemos un cuadro claro del fruto y el espíritu que produjo ese fruto. Debemos pedirle al Señor que nos dé el discernimiento para distinguir entre, por ejemplo, un espíritu de adivinación y el Espíritu Santo. Con la guía de Dios, los probaremos y los conoceremos por su fruto. Si ignoramos las manifestaciones tanto del espíritu de adivinación como del Espíritu Santo, ¿cómo podemos probarlos? Puede que nos encontremos entonces sometiéndonos a demonios, luchando contra Dios.

En su lugar, debemos escudriñar las Escrituras, orar por sabiduría y discernimiento, y probar los espíritus. Sea valiente a la hora de buscar la verdad y enseñar esa verdad a otros. Mediante los esfuerzos conjuntos del pueblo de Dios, ayudaremos a cumplir sus mandamientos de "*desatar las ligaduras de impiedad, soltar las cargas de opresión, y dejar ir libres a los quebrantados, y que rompáis todo yugo*" (Isaías 58:6).